GERD SCHMALBROCK
UND FÜHRTEN UNS
IN VERSUCHUNG
BAND 2

Das Wort Information wird einmal niemand mehr hören wollen, weil es für Propaganda mißbraucht worden ist.

GERD SCHMALBROCK
UND FÜHRTEN UNS IN VERSUCHUNG
Über die geheime Herstellung öffentlicher Meinung

VERLAG IKC PRESSE GLADBECK

Internationale Standard-Buchnummer

ISBN 3 921278 01 5

Erste Auflage 1974

Copyright 1974 by IKC Presse Gladbeck. Alle Rechte, insbesondere das Recht der Übersetzung und der fotomechanischen Wiedergabe oder auszugsweiser Nachdruck, bleiben vorbehalten. Gesamtherstellung: Hewea-Druck, 439 Gladbeck, Goethestraße 55

BEGRIFFE GIBT'S DIE GIBT'S GAR NICHT!

Immer öfter hören wir Politiker sagen: „Mit unseren Forderungen stehen wir auf seiten der öffentlichen Meinung!" Wüßten wir nicht, auf welcher Seite sie sich befänden, wir wüßten gar nicht welche Seite sie meinten. Denn unentbehrlich wird ein Begriff wie d i e öffentliche Meinung, sobald sich die Politik von ideologischen Absichten leiten läßt die jenseits des Möglichen liegen. In einer Schrift, die die Landeszentrale für politische Bildung Nordrhein-Westfalen aus Steuergeldern für die Schuljugend herausgab, heißt es: „Das Ideal wäre eine Gesellschaftsform, wo jeder als Gleicher unter Gleichen leben, denken und arbeiten kann und darf; wo die Bürger sich so sehr mit ihrem Staat identifizieren, daß er eigentlich, nach innen jedenfalls, keine Macht mehr auszuüben braucht."

Wenn uns schon nicht bange wird, wieviel politische Andacht sich durch solche Schnulze heraufbeschwören läßt, so sollten wir wenigstens jene Denkpause, die wir Ergriffenheit nennen, unterbrechen, um, so lange es die ‚öffentliche Meinung' noch zuläßt, den Verstand zu gebrauchen! Dann werden wir über die Erkenntnis erschrecken, daß es trotz aller schlimmen Bewegungen in unserem Jahrhundert keine Zeit gab, in der sich Deutsche mit ihrem Staat weniger gleichgesetzt oder ihn als ihresgleichen angenommen hätten als in diesen frühen siebziger Jahren, sofern man die Neigungen nicht rückblickend, sondern aus der Zeit heraus beurteilt. Das tut der Schwärmerei von der Gleichheit keinen Abbruch, denn ein Schwärmer umgibt sich am liebsten mit totgeborenen Begriffen. Der Traum von einer sozialistischen Republik Marx'scher Anregung, einer Republik der Freien und Gleichen, braucht nötiger als Brot eine Bezeichnung für das, was in ihr als Meinung umzugehen hat. Denn ebensowenig wie etwas ohne Hexerei gleichzeitig heiß und kalt sein kann oder hell und dunkel, es sei denn man störte zuvor den Menschen die Sinne, kann eine g l e i c h e Meinung zugleich eine f r e i e Meinung sein.

Die deutschen Soziologen fühlen sich sehr unglücklich über den Begriff ‚öffentliche Meinung'. Ihnen wäre Papplickopinjen angenehmer, weil wir uns dann als Deutsche nicht mehr den Kopf zu zerbrechen brauchten wie der Begriff aus dem dafür gefundenen Wort zu erklären sei. Denn nie war dies Trugbild so wertvoll wie heute, weil die herrschende sozialdemokratische Gesellschaft gerne den Eindruck erweckt, als messe sie die Meinungen im Volke mit dem Fiebermesser, um nur gar alle Wünsche erfüllen zu können. Wo man doch nur jeweils das Fieber nachmißt, das bestimmte Meinungserreger, die man dem Experimentierbalg Massengesellschaft einimpfte, schon entwickelten. Bleibt der Balg kalt, muß man ihm noch ein wenig mehr Gift einspritzen!

Schon 1922 beschrieb der Soziologe Ferdinand Tönnies in ‚Kritik der öffentlichen Meinung', wie packend und zugkräftig mit der ‚öffentlichen Meinung' Politik betrieben werde — obwohl schon ein kurzes Nachdenken erkennen lasse, daß es die öffentliche Meinung gar nicht geben könne. „Auch historische Beobachtungen belegen, daß dieser Begriff eine propagandistische Finte ist, ein ‚Hilfsbegriff für Wissende'". E i n e oder d i e öffentliche Meinung hat niemals bestanden, es sei denn, man nennt so die von oben her zwangsweise eingeblendeten Meinungsbilder sozialistischer Zwangsstaaten. Unter diesem Eindruck meinte in unseren Tagen der Schweizer Meinungsforscher Gerhard Schmidtchen: „Wenn man die Aufgabe gestellt bekäme, eine Liste besonders klärungsbedürftiger Begriffe zusammenzutragen, würde man der Wortbildung ‚öffentliche Meinung' sicher einen prominenten Platz einräumen. Übereinstimmender Sprachgebrauch ist kaum möglich. Wo Definitionen neuerdings angeboten werden, tragen sie eher die Zeichen der Entschlossenheit, einer sozialwissenschaftlichen Verlegenheit auszuweichen, als die Kriterien begründeten Wissens." Allerdings meint auch er, daß der Begriff, wie immer man ihn künftig benenne, heute nötiger denn je sei — um machtpolitisches Wunschdenken einer herrschenden Gesellschaftsgruppe als den Wunsch der Gesamtheit unseres Volkes darzustellen.

Professor Dovifat, ein hervorragender Kenner deutscher Publizistik, meinte: „Gibt man zu dem unsicher schillernden Begriff ‚Meinung' den noch mehr unklaren der ‚Öffentlichkeit' hinzu, der sowohl den Zugang zu einer unbegrenzten Menge von Menschen wie auch die in deren Köpfen und Herzen ‚im Schwange' befindlichen Strebungen und Wollungen bezeichnet, so wird der Begriff dadurch doppelt unklar."

Dennoch eröffneten die sowjetischen Behörden im Oktober 1970 in Moskau das ‚Institut für Beziehungen mit der Öffentlichkeit der Bundesrepublik Deutschland', das, wie es heißt, dazu beitragen solle, dort ‚friedlichen' Einfluß auf die öffentliche Meinung zu nehmen. Für die Herren der Welt sind also weder **öffentliche Meinung** noch **Öffentlichkeit** fragwürdige Begriffe. Zumindest wissen sie genau, was darunter zu verstehen ist. Weil sie von allem ihre eigenen Vorstellungen haben, ob sie von **Freiheit** oder **Frieden** oder **Verständigung** sprechen, sollten wir darüber nachdenken, was ‚öffentliche Meinung' und Öffentlichkeit denn nun im eigentlichen Sinne bedeuten! Wir sollten es herausfinden — bevor man uns den wundervoll klaren Fehlbegriff öffentliche Meinung durch irgendeinen anglistischen Keks*) zum vielfach auslegbaren Fehlbegriff verdirbt! Darum der Versuch, sechs Fragen zu klären — Wer oder was ist Öffentlichkeit im Sinne öffentlicher Meinung? — Was ist das, das wir als öffentliche Meinung zu bezeichnen uns gewöhnten? — Wo wirkt es und durch welches Mittel? — Wann wirkte es nach der historischen Erfahrung und warum? — Wie entstand es und mit welchen Folgen? — Warum entstand es und aus welcher Notwendigkeit?

VERZEIHUNG, SIND SIE DIE ÖFFENTLICHKEIT?

Eine Öffentlichkeit ist unendlich viel weniger als ein Volk oder eine Nation. Eine moralische Größe an sich, auf der man bauen könnte, ist auch ein Volk nicht. Es kann immer nur so gut und so tüchtig sein wie jene Kräfte die es leiten. Das, was ein Volk sittlicht und stärkt, sind die tragenden Ideen und das Ausmaß

---

*) Der oder das Keks ist das einzige englische Wort, das es in der englischen Sprache nicht gibt. Es wurde in den zwanziger Jahren phonetisch, das heißt, seiner Aussprache nach von Cakes für Kuchen übernommen. ‚Küchel' hätte es auch getan!

7

ihres Wirkens auf die Gesamtheit. Im selben Maße wie die herrschende Idee an Kraft einbüßt, vergreist ein Volk. Aber jedes Volk trägt einen bleibenden Namen und solange dieser dem einzelnen etwas bedeutet, empfindet es Ehre oder Schmach. Die Öffentlichkeit bleibt namenlos, wirkt ohne sie kennzeichnende Eigenschaften, durch die sie sich von einer anderen Öffentlichkeit unterscheiden ließe. Sie kennt weder Scham noch Stolz oder doch nur entliehene Augenblicksempfindungen davon. Sie will nichts in die Zukunft bauen, sondern hier und jetzt verbrauchen, ihre Vorteile nutzen und belustigt sein. Verführen lassen sich beide, Volk wie Öffentlichkeit, aber anklagen für eine Schuld oder Mitschuld läßt sich nur ein Volk. Wollte man eine Öffentlichkeit für Fehlverhaltungen beschuldigen, so bliebe das eine Klage gegen Unbekannt. Die Öffentlichkeit ist eine Anonymität die aus geheimen Quellen gespeist wird. Ihre wichtigsten allgemeinen Merkmale sind ein unter Suggestion enstandenes Handeln, der völlige Mangel, sich dafür verantwortlich zu fühlen und das Nichtbewußtsein, von einer anonymen Gruppe gegängelt zu werden. Diese Hintermänner fühlen sich, da sie namenlos wirken, wiederum für nichts verantwortlich was sie durch die Öffentlichkeit und in ihr an Schaden anrichten. In den meisten Fällen werden sie sich nicht einmal über das Ausmaß ihres Einflusses bewußt, so als sei die Öffentlichkeit eine kritikfähige Gruppe, die sich selbst verantworten mag.

Ein Volk fühlt sich bewußt oder unbewußt für das, was es unter schlechter Führung Schlechtes bewirken half, verantwortlich, denn es leidet darunter oder reagiert zumindest darauf. Ein Volk ist sich immer bewußt, geführt zu werden. Meist kennt es die, durch die es sich leiten läßt. Diese leitenden Persönlichkeiten sind darum auch für Versagen ebenso verantwortlich zu machen wie sie für hervorragende Leistungen gelobt werden können. Eine Öffentlichkeit lobt niemals jene, die sie zu einer guten Tat führten, aus dem einfachen Grunde, weil sie sich des Geführtseins nicht bewußt wird. Sie kann ebenso wenig ihre Verführer verurteilen, traut sich selbst jedoch nur Gutes zu. Treten böse Folgen für ihr Handeln auf und kann die Schuld nicht auf andere abgewälzt werden, verdünnisiert sie sich. Schuldig sind dann immer d i e a n d e r e n !

Ebenso wenig wie es keine gute oder schlechte Öffentlichkeit gibt, kann es auch kein gutes oder schlechtes Volk geben. Eine

Öffentlichkeit zu charakterisieren ist nur in einem möglich — in den jeweils zeitbedingten Umwelteinflüssen; die Eigenschaften eines Volkes ergeben sich außerdem noch aus Erziehung und Erbanlagen. Wo ein Volk in einer Eigenschaft schlecht erscheint, ist das meist nur die Folge andersartiger Erziehung und Tradition. Der einzige bedeutsame Unterschied zwischen Völkern ist das Vorhandensein von Kraft. Ein Volk, dem es an Kraft fehlt, würde, selbst wenn es die beste Führung fände, zu nichts oder nur zu wenigem zu bewegen sein. Die Kraft eines Volkes ist im moralischen Sinne weder gut noch böse. Sie läßt sich für beides gebrauchen. Zu was sie gebraucht wird hängt vom Wollen und sittlichen Empfinden der das Volk leitenden Kräfte ab. Auch eine das Volk bewegende Idee oder Illusion ist weder an sich moralisch gut noch böse. Sie kann sowohl das eine wie das andere sein. Die beste Idee taugt nichts wenn die Männer, die sie maßgeblich vertreten, nichts taugen. Man verurteile aber nicht die Illusion an sich, sondern verurteile nur jene Illusionen, die nichts Gutes bewirken! Wann eine Illusion eine vertretbare Idee ist und wo eine Idee zur Illusion werden muß, läßt sich nicht immer einwandfrei vorausbestimmen. Ein Volk unter guter Führung kann eine Illusion in Realität umwandeln, wo eine Öffentlichkeit, die unkontrollierbaren Einflüsterungen unterliegt, auch die gemeinnützigste und einfachste Idee leichtfertig zu Unsinn macht.

Das Volk ist also eine reale Größe, die Öffentlichkeit nur eine Fiktion, die sich durch Abglanz äußert. So wie zum Mond die Sonne gehört, denn sonst sähen wir ihn nicht, so gehört zur Öffentlichkeit die Publizistik, indes ein Volk auch dann noch da ist wenn es schläft, denn es hat einen Namen und eine Geschichte. Die Öffentlichkeit bleibt notwendigerweise geschichtslos, weil man nie weiß, wer und wann wie lange zu ihr gehörte. Wo es aber einen Rückprall gibt, da gab es auch einen Stoß! Die Öffentlichkeit ist das Wechselverhältnis von anregenden anonymen Kräften und reagierender Masse. Kommt keine Anregung, kommt auch keine Reaktion. Dagegen kann man ein Volk auf viele Jahre totschweigen, es lebt lautlos weiter, behält seinen Namen, oft seine Traditionen und Eigenarten, behält seine Geschichte, seine Sprache, seine Kultur. Es kann bis zum Scheintod verkümmern, über viele Jahrzehnte, ja über Jahrhunderte brach liegen, es darum für tot zu halten erweist sich für die Feinde dieses Volkes früher oder später als Illusion, es sei denn, man habe es um seine ganze Kraft gebracht. Ein Volk, das die Kraft hat, Unsinniges zu tun, kann auch hingeführt werden, Sinnvolles zu leisten. Erst ein für jeden Reiz unempfängliches Volk ist kraftlos.

Doch was ist Öffentlichkeit? Der amerikanische Schriftsteller Nathaniel Hawthorne, dessen Romane und Erzählungen noch heute, hundertzwanzig Jahre nachdem sie geschrieben wurden, wegen ihrer hohen Ethik gelesen werden, sagte dazu aus eigener Erfahrung: „Die Öffentlichkeit ist ihrem Wesen nach despotisch. Sie ist imstande, sogar die billigste Gerechtigkeit zu verwehren, wird sie allzu nachdrücklich als ein Recht verlangt." Sonderbar, wie sich der Sinn des Wortes Öffentlichkeit unter dem Einfluß des Marxismus in sein Gegenteil verkehrte! Als Hauptwort wurde es um 1770 aus dem schon im Althochdeutschen vorhandenen Eigenschaftswort o f f e n t l i c h gebildet. Was für offentlich galt, von dem nahm man an, daß es allgemein bekannt sei oder zumindest jedem verständlich. Öffentlichkeit blieb bis in die sechziger Jahre unseres Jahrhunderts im wesentlichen die Bezeichnung für einen Zustand, nicht für eine nicht näher begrenzbare Menschenmasse. Etwas in die Öffentlichkeit bringen, darunter verstand Goethe d a s allgemein bekannt zu machen was vordem privat gewesen. Die Konversationslexika des frühen neunzehnten Jahrhunderts räumen diesem Begriff kein eigenes Stichwort ein. Ich fand es zuerst ab 1860 verzeichnet, doch nur in dem Sinne, daß Öffentlichkeit einen Zustand in der Gerichtsbarkeit und im Parlament bezeichnet. „Öffentliche Verhandlungen sind solche, die nicht geheim stattfinden!" Erst als der Begriff V o l k im Deutschen gemieden wurde, also seit etwa 1963, taucht der Begriff Öffentlichkeit zur Bezeichnung einer Massenversammlung urteilsfähiger Amateur-Richter auf. Geholfen hat dazu der Amerikanismus mit seinem Begriff ‚public' den man sogar in die Mehrzahl setzen kann, publics — Öffentlichkeiten! Denn ‚folk' ist im Englischen nichts Erhabenes; es ist ein Wort, das über seine Ursprungsbedeutung nicht hinaus kam. Volk, das war ursprünglich die dem Fürsten unterstehende Kriegsschar, die Masse an kommandierbaren Untertanen. Darum läßt sich im Englischen auch dieses Wort in die Mehrzahl setzen, nicht im Sinne von Völker, sondern von ‚folks' für Volksscharen. Folks sind volksverbundene Leute, ‚people' hingegen die Bewohner einer Gemeinde oder eines Landes. Der Mehrvölkerstaat Großbritannien schaffte den Begriff Volk ab; es ist das Land britischer Leute. Doch ein

Volk läßt sich nicht abschaffen, auch wenn man ihm die Bezeichnung nimmt und mit Leute sowohl irgendwelche Leute als auch ein Volk bezeichnet. Der Engländer weiß genau, was angesprochen ist, wenn zu dem Wort L e u t e die Bezeichnung b r i t i s c h tritt. Dann ist es s e i n Volk, das der Engländer!

Die demokratische Gesellschaft entwickelte im Westen Deutschlands das Wort Öffentlichkeit zum Ersatzbegriff für Volk. Denn das Volk der Deutschen ist geteilt, die Öffentlichkeit in den Teilen blieb hingegen ungeteilt. Öffentlichkeit ist ein Wurm. Schneidet man ihn durch, bekommt man zwei Würmer. Man könnte darüber über das Wesen der Öffentlichkeit philosophieren! Bemerkenswerter erscheint mir dies — die Grenzen einer Öffentlichkeit sind die jeweiligen Grenzen eines publizistischen Einflußbereichs. Käme jemand auf die Idee, keinen publizistischen Einfluß über die Grenzen eines Bundeslandes hinausgelangen zu lassen, die Bundesrepublik hörte auf, eine gemeinsame Öffentlichkeit zu haben.

Der Begriff ‚Öffentlichkeit' wurde von demokratischen Gesellschaften zur Bezeichnung einer Menschenmasse gewählt, um den Eindruck zu erwecken, als habe die herrschende Partei den Willen der Mehrheit zu erfüllen und als werde sie darin von der Masse kontrolliert. Aber eine Masse hat nur eine ihr zugelegte Massenmeinung und einen ihr aufgeschwätzten Massenwillen und beide schließen die ethische Begründung für Demokratie aus, die ja dem e i n z e l n e n ein Mithandeln und eine Einsprache ermöglichen will, nicht seinem Gegenstück, der Masse. Die marxistische Idee entwickelte in Mitteldeutschland das Wort Öffentlichkeit für das Handeln einer Parteidiktatur, die sich dadurch jeder Verantwortung entledigt. Hat sich der Parteiwille geirrt, so ändert er seinen Standpunkt, ohne daß die Partei dadurch unglaubwürdig wird; denn es war ja die ‚Öffentlichkeit', die sich irrte, der man nicht nur eine treibende, sondern sogar mitbestimmende Kraft andichtet. Von allen Diktaturen sind solche anonymen die allerschlimmsten!

Als sich in den sechziger Jahren unter den Soziologen des Westens, für viele unter Stöhnen, die Einsicht durchsetzte, daß es eine öffentliche Meinung nicht nachweisbar geben könne, versuchten die sozialdemokratischen und liberalen Gesellschaftstheoretiker, zumindest den Begriff Öffentlichkeit zu retten, hofften, daß, wenn es eine Öffentlichkeit als eine mit richterlichen

Naturtalenten ausgestattete Massenversammlung gebe, man stillschweigend davon ausgehen könne, daß diese auch eine Meinung habe, wie immer man sie dann benennen wolle. Das Fischer Lexikon zeigt deutlich diesen Schleichgang des Zeitgeistes! Der Band ‚Staat und Politik' enthält in der Ausgabe von 1957 eine Abhandlung ‚Öffentliche Meinung', die neueste Ausgabe nur noch die über ‚Öffentlichkeit'. Die Brockhaus Enzyklopädie umschrieb 1971 den schlüpfrigen Begriff Öffentlichkeit so: „In der Publizistik umschreibt Öffentlichkeit den Grundsatz der allgemeinen und freien Teilnahme am politischen und gesellschaftlichen Geschehen durch kommunikatives Handeln in unvermittelter Rede und Gegenrede (Diskussion) und in vermitteltem Austausch von Wissen auf dem Wege über die publizistischen Organisationen."

Solche Schlingsätze riechen nach Karbol; man hat das Gefühl, dem Mundgeruch des Schreibers ausweichen zu müssen! Doch verschlagen fügt er dieser Umschreibung des Unbeschreiblichen hinzu: „Der demokratische Grundsatz der Öffentlichkeit beruht auf der A n n a h m e , daß Zustimmung und Konsens wie auch Widerspruch und Konflikt möglich und daß Kompromisse nicht ausgeschlossen sind." Wir haben es also mit einer Annahme zu tun! Eine Annahme ist eine Schlußfolgerung auf Verdacht; man vermutet oder wünscht, daß sie später einmal getroffen werden kann und bietet sie bis dahin zur Probe an. Vielleicht will man aber die Gültigkeit dessen, was aus reinen Zwecküberlegungen als Vermutung ausgegeben wird, gar nicht erst nachweisen! Die demokratische Idee setzt voraus, daß es keine Menschenmasse, sondern eine einheitlich gebildete oder doch einheitlich ausbildbare und eine politisch wie gesellschaftlich ansprechbare Gesamtheit der Bewohner von hoher Urteilssicherheit gibt. Weil man so etwas braucht muß es so etwas geben, und wir nennen dieses nicht nachweisbare, aber für die Demokratie unentbehrliche Wesen die ‚Öffentlichkeit'.

Hätten sich diese Unglücklichen doch auf irgendein Puddingwort geeinigt! Denn es ist ganz und gar nicht einzusehen, warum ausgerechnet das Anonyme, also das der Öffentlichkeit entzogene, als Öffentlichkeit bezeichnet werden soll! Handlungen und Meinungsäußerungen einer Persönlichkeit, die sich für ihr Tun öffentlich verantworten muß, wären weit eher geeignet, für den Bestandteil einer Öffentlichkeit zu gelten. Wer aber hätte je eine Öffentlichkeit, die bloß Masse ist, für Handlungen und Meinungen zur Rechenschaft gezogen? Oder auch nur nach einer klaren Begründung befragt! Diese Öffentlichkeit kann tun und lassen was sie will, sobald es darum geht, etwas zu verantworten, gilt sie für nicht zurechnungsfähig. Und das mit recht, denn sie trifft weder eine Entscheidung, noch bewegt sie etwas bewußt, sondern läßt sich bewegen und in Wallung bringen! Doch diese Antriebskräfte entziehen sich jeder öffentlichen Beobachtung. Schlimmer noch, diese unsichtbaren, namenlosen Antreiber entziehen sich sogar der Selbstkontrolle, weil sie sich gar nicht als Antreiber empfinden!

Ebenso verschwommen wie die Begriffsbestimmung Öffentlichkeit im publizistischen Sinne ist die soziologische Begriffsfindung dafür. „In der Soziologie wird Öffentlichkeit als die tatsächliche oder vermutete Einstellung verstanden, die alle Personen, die für einen einzelnen bedeutsam sind, über eine allgemeine Angelegenheit hegen." Was solche Sätze im Beutel tragen, ist meist das wichtigere! Denn demnach muß für Bundeskanzler Brandt die Öffentlichkeit nur in der tatsächlichen oder vermuteten Einstellung seiner Parteigänger bestehen, weil nur die ihm bedeutsam sein werden! Jene, von denen sich nicht einmal vermuten läßt, daß sie seine Anschauungen teilen, sind für ihn nicht bedeutsam und gelten für zu dumm, Öffentlichkeit zu sein. Mit jeder neuen Regierung bekommen wir eine neue Öffentlichkeit. Wohl dem, der einen sechsten Sinn dafür hat, in welchen Wind er jeweils seine Meinung schlagen muß; so gerät er nie aus der Öffentlichkeit!

Wir sehen, wie ehrlich im einzelnen die heutigen Soziologen noch sind, wenn sie auch im ganzen gesehen ideologisch viel befangener und untertäniger erscheinen als die Soziologen aus dem kaiserlichen Deutschland. Denn die konnten beweisen was sie mochten, wo heute der Soziologe wie sein Kollege von der theologischen Fakultät von Grundannahmen ausgehen muß. Was für den einen der offenbarte Gott, ist für den anderen die für absolut angenommene Überlegenheit des demokratischen Gedankens. Kein Wunder, daß dabei mancher nach links rutscht, denn erst das Demokratieverständnis der Marxisten gibt dem Traumbild einen, wenn auch unglücklichen Anstrich der Realität. Aus dieser Not, an Grundannahmen gebunden zu sein, rutscht der moderne Soziologe immer wieder aus dem Erfahrbaren in Pflichtübungen des guten Willens, die Formulierungen enthalten, denen er nicht gewachsen ist. Wie diese: „Die Öffentlichkeit ist somit auf jeder Stufe gesellschaftlicher Entwicklung die Voraussetzung für soziale Kontrolle." Hier vertraut man darauf, daß jede Kenntnis geschichtlicher Vorgänge erloschen ist. Gab es doch in der Weltgeschichte keinen einzigen Herrscher, dem die tatsächliche oder vermutete Einstellung der ihm bedeutsam erscheinenden Personen zu allgemeinen, wichtigen Angelegenheiten gleichgültig gewesen wäre! Entweder hat es die Öffentlichkeit zu allen Zeiten und unter jeder Herrschaftsform gleich wirksam gegeben oder es hat sie nie gegeben.

Das wird auch verkrümmt zugegeben — „Die Öffentlichkeit kann als Begriff gleichbedeutend mit dem der Gesellschaft sein." Noch ein Raubwort der Soziologie, dem alle Zähne ausgeschlagen wurden! Es stammt aus dem Wirtschaftsleben und bezeichnet dort einen fest umrissenen Interessenverband. Das setzt nicht nur erwünschtes, sondern tatsächliches Gruppeninteresse voraus. In der Soziologie wird bei der Gesellschaft Gruppeninteresse für politische und gesellschaftliche Angelegenheiten nur angenommen; nicht darum, weil man noch nichts Genaueres darüber weiß, sondern obwohl man weiß, daß es tatsächlich nicht besteht!

In der angloamerikanischen Soziologie bedeutet Öffentlichkeit ‚Publikum'. Auch dies setzt ein allgemeines Interesse für das, was auf der politischen Bühne vor sich geht, als selbstverständlich voraus. Doch niemand käme auf den Gedanken, auch jenen, der nur von außen an das Opernhaus pinkelt für einen Zuschauer des Bühnenraumes anzusehen. Die Soziologen von heute bringen uns also nicht näher an die Sache heran, obwohl sie ihre empirischen Forschungen soweit vorantrieben, daß sie es viel leichter tun könnten als die Soziologen von gestern und vorgestern. Stattdessen führen sie uns im Kreis herum, mal mehr in diese, mal in jene Richtung, wie die gerade herrschende Gesellschaft unsere Ausrichtung wünscht. Ist Demokratie eine heilige Kuh, ähnlich der katholischen Kirche im Mittelalter, deren Vorzüge nur angenommen, nicht nachgewiesen werden dürfen? Etwa weil sie nicht nachgewiesen werden können? Dann müßten wir hiermit diese Betrachtung schließen und uns stattdessen mit den neuen Formen der Massenpsychose befassen, die ein neues Wort für Hexenverfolgung und Inquisition wäre! Warum sollten wir aber eine persönlichkeitsunwürdige Massenausrichtung als persönlichkeitsartige oder gar halbgottähnliche Öffentlichkeit bezeichnen? Um es als ein Wesen klarer Urteilskraft zu begreifen? Oder nur, um über die Grundlagen der demokratischen Idee nicht weiter nachzudenken? Bedeutet denn eine kritische Betrachtung, daß man das, was man der Betrachtung unterzieht, vernichten will? Das hieße, der Demokratie keinen tatsächlichen Wert beimessen und sich auf die vermuteten Werte beschränken! Was jeder nur verehrend anschauen darf ohne es begreifen zu dürfen, das kann sich nicht entwickeln; was sich nicht mehr entwickelt, bleibt nicht was es ist, es trocknet aus, wird hohl! Eines schönen Tages öffnet irgendein Vorwitziger aus blankem Übermut den goldenen Tabernakel, in den man das anbetungswürdige Wunderding hineinsetzte und erschrickt — geschmolzen ist der eingefrorene Begriff, ein Spürlein kalter Pinkel blieb zurück!

Je stärker sich die Persönlichkeit des einzelnen entfaltet, desto schärfer seine Abscheu vor der Masse, die zuweilen wie im Rausch, immer aber erbarmungslos Gewalt ausübt. Dieser tierhafte Trieb im Massenbalg, jeden zu zerbrechen oder doch zu verletzen, der sich der Masse nicht anpaßt, entspricht dem Instinkt der Unsicherheit. Die Masse weiß nicht, warum sie etwas vertritt und warum sie unter dem Zwang steht, sich allem, was sich gewaltsam durchbricht, anzupassen und gleichzumachen, sei es im Guten oder Bösen. Sie sieht nur die alleinstehende Ausnahme und empfindet sie peinlich. In Zeiten, in denen die Masse noch ihrem eigenen Instinkt folgt, hat eine solch strenge Aufsicht auf das öffentliche Verhalten entartungsverhütende Wirkung, und die Persönlichkeit schafft sich für ihre Eigenarten Spielraum genug. Wo aber der Masse ihr eigener Instinkt verlorenging, wo sie nicht mehr Volk, Nation oder Kirchengemeinde ist, sondern etwas Unfaßbares, nicht Abgrenzbares, unverbindlich Allgemeines wie Öffentlichkeit oder Gesellschaft, verliert sie diesen Instinkt, ist an sich steril, ganz auf Einflüsterungen und Vorbilder angewiesen.

Niemand, der sich seiner Persönlichkeit sicher glaubt, sollte darüber höhnisch das Maul verreißen! Über die Schwachheiten von Menschenmassen prustend zu lachen ist billig, es sei denn, man sei soweit vorgerückt, sich selbst in ihnen zu sehen. Das aber sind die Ausnahmen, die man in jedem Jahrhundert an einer Hand aufzählen kann, die sich der Massenhandlung in allem zu entziehen vermochten! Jede Betrachtung von Massenhandlungen sollte darum ein Stück Selbstbetrachtung bleiben. Der Künstler oder Gelehrte, der sich in seinem Fach dahin brachte, nur noch seinen eigenen Weg zu gehen, hängt sich in der Politik oft erstaunlich unkritisch an eine Gruppenmeinung, nicht weil ihn die Meinung, sondern die Gruppe verlockt! Wie ein albernes Kind sieht man ihn jedem modischen Schlagwort nachlaufen.

Wo dies nachweislich so bestellt ist, wieso verherrlicht man dann dieses Fehlverhalten? Schafft man denn die Rauschgiftsucht aus der Welt indem man sie erhöht und den Traumzustand, den der Rausch schafft, als kulturschöpferisch bezeichnet, wo er nur aufzehrend wirkt? Wir sollten nicht nur Fehlhandlungen des einzelnen tadeln, sondern auch die der Masse! Wer der Masse schmeichelt, um sie zu gebrauchen, der ist unendlich erbärmlicher als es der höfische Günstling war, der nur des Vorteils willen dem Fürsten nach dem Munde redete! Denn an sittlichem Wert und an Intelligenz sind alle Massenhandlungen den Handlungen des einzelnen weit unterlegen. Das ist kein neuer, wohl ein vielvergessener Gedanke. Schon Cicero sagte über die Masse: Non est consilium in vulgo, non ratio, non discrimen, non intelligentia — es gibt keinen Rat in der Masse, keine Vernunft, keine Unterscheidung, keine Intelligenz!

Die Öffentlichkeit als anonyme Masse stellt also nicht die Summe an Vernunft und Erfahrung der in ihr enthaltenen einzelnen dar — die Öffentlichkeit ist kein Ratskollegium, in der jeder Sitz und Stimme hat — bei ihr weiß man nicht einmal, wer eigentlich ‚jeder' ist. M e i n e Öffentlichkeit, also die mir bedeutsam erscheinenden Personen, mag einen ganz anderen Schwanz haben als I h r e Öffentlichkeit! In jedem Falle ist es eine Masse, die nicht von ihren einzelnen Teilen getragen wird, sondern von einer ihr selbst verborgenen und von außen herrührenden Bewegkraft, die wir Beeinflussung, Ausrichtung, Gleichschaltung nennen sollten, aber dummerweise als ö f f e n t l i c h e M e i n u n g bezeichnen. Die Angloamerikaner kamen jenem Wunderding der Erscheinung, das den Decknamen Öffentlichkeit erhielt, um vieles näher als wir, indem sie von Öffentlichkeiten sprechen. Denn die Öffentlichkeit umfaßt niemals die Gesamtheit der Bevölkerung eines mehr oder weniger bestimmten Gebietes, sie stellt nicht einmal notwendigerweise die Mehrheit dar, weder durch Einsicht noch durch Gängelung. Sie kann eine Minderheit sein wenn die gerade herrschende Gesellschaft wenig zu bieten hat! Denn um zu einem einheitlichen Meinen und Wollen zu gelangen, muß die Öffentlichkeit zu einem einheitlichen Erleben geführt werden.

Wilhelm Bauer, der sich immer wieder mit diesem Phänomen befaßte, schrieb zur Massebildung: „Das wesentliche daran ist die Tatsache, daß innerhalb dieser Einheit, auf die Dauer deren Bestandes, die Individuen ihre seelische Besonderheiten, wie hohe Intelligenz oder Mitleidsfähigkeit, alles, was wir unter Persönlichkeit verstehen, zugunsten dieser neuen Erscheinungsform Masse oder Massenseele mehr oder weniger vollständig aufgegeben um sich nicht von der Masse zu trennen. Dieser Verzicht ist nicht willkürlich, sondern wird höchstens dunkel gefühlt und meist erst dann ganz erkannt, wenn sich die psychologische Masse in ihre Elemente aufgelöst hat, der einzelne sozusagen wieder f r e i wird." Irgendeine leidenschaftliche Erregung ist es in der Regel, die die einzelnen, seien sie nun an einem Ort vereint oder nur in ihrer Anschauung einander nah, zu einer Masse verbindet. „Von diesem Augenblick an verlieren jene Hemmungen, wie sittliche Lebensanschauungen, Gewissen, Feigheit, die sonst die Aufführung des einzelnen bestimmen, an Gewalt über ihn. Etwas anderes, Fremdes, reißt ihn zu Taten, die er, losgelöst von der Masse, nie begangen hätte."

Dies, im noch friedlichen April des Jahres 1914 niedergeschrieben, erschüttert, zeigt eine Sehergabe, die Wilhelm Bauer durch das unermüdliche Forschen in das Wesen der als ‚Öffentlichkeit' bezeichneten Masse zuteil wurde. Warum bezaubert uns noch immer der törichte Begriff, nach all den schlimmen Erfahrungen die wir machen mußten, daß wir, wo ein Rattenfänger darauf seine verführerischen Töne bläst, wie willenlos und um den Verstand gebracht in Scharen hinterherlaufen? Weil die Öffentlichkeit wie die Masse ohne Verstand ist.

ZUVIEL DEMOKRATIE BRINGT TYRANNEI

Demokratie hielten die Deutschen der Bundesrepublik Deutschland bis in die ausgehenden sechziger Jahre für ihren selbstverständlichen Besitz. Danach forderten Sozialdemokraten m e h r

Demokratie und die Jungsozialisten ballten dazu die Faust. Das Bewußtsein, weniger als die ganze Demokratie verwirklicht zu haben, war allgemein nicht vorhanden. Einige ahnten, daß man bei gleicher Wortverwendung offenbar von verschiedenen Dingen sprach. Dieses Unbehagen verstärkte sich bei den Schlußsätzen der ersten Regierungserklärung Willy Brandts. „In den letzten Jahren haben manche in diesem Lande befürchtet, die zweite deutsche Demokratie werde den Weg der ersten gehen. Ich habe dies nie geglaubt. Ich glaube dies heute weniger denn je. Nein: Wir stehen nicht am Ende unserer Demokratie, wir fangen erst richtig an."

Dies, zwanzig Jahre nach Gründung der Bundesrepublik Deutschland ausgesprochen, kündete zumindest grundlegende Veränderungen an. ‚Wir fangen erst richtig an' heißt, was bisher gewesen, war noch keine wahre Demokratie! Das Verständnis der Demokratie hatte mit der politisch herrschenden Gesellschaft gewechselt. Nicht nur das Bundeskanzleramt bekam im Oktober 1969 einen neuen Hausherrn, auch das Wort Demokratie wird seitdem von anderen Vorstellungen bewohnt. Worte sind Anzüge; nicht sie wechseln, sondern ihre Träger. In den fünfziger Jahren bekleidete dieses Wort noch die Vorstellung von einer repräsentativen Demokratie, die ich idealisierend die Persönlichkeitendemokratie nennen möchte. Thomas Dehler drückte das 1952 so aus: „Ich glaube, man verkennt das Wesen der Demokratie, wenn man annimmt, das Parlament sei der Vollstrecker der Volksüberzeugung. Ich meine, das Wesen der repräsentativen Demokratie ist ein anderes, es ist das der parlamentarischen Aristokratie. Die Parlamentarier haben die Pflicht und die Möglichkeit, aus einer größeren Einsicht, aus einem besseren Wissen zu handeln als es der einzelne kann. Ich möchte auch meinen, wer das hohe Mandat der Volksvertretung hat, wird am Ende eine größere Charakterfestigkeit haben, die notwendig ist, um eine wichtige Frage unseres Volkes richtig zu entscheiden."

Wir wollen hier nicht Dehlers hohe Meinung über den Abgeordneten auf ihre Berechtigung untersuchen! Denn wer dabei an die Wahlbestechungen der Sozialdemokratie in den siebziger Jahren denkt, dem muß bei Dehlers Werturteil übel werden. Gerechterweise ist jedoch festzustellen, daß Dehler nicht von g r o ß e r Charakterfestigkeit der Abgeordneten sprach, sondern nur von größerer als sie der einzelne der Wählermasse habe. Und bei einer Masse kann von Charakterfestigkeit gar keine Rede sein! Ebenso richtig ist es, wenn Dehler einer kleinen Gruppe politisch mehr oder weniger sachverständiger Personen wegen besserer Einsicht und größeren Wissens eine richtigere Entscheidung zutraut als der breiten Masse der Bevölkerung. Denn die ist nachweisbar politisch ungenügend gebildet und verfügt über zu wenig Sachverstand. Schlimmer, sie läßt sich gar nicht bilden, weil sie sich für die politischen Vorgänge nur beiläufig oder gar nicht interessiert! Die demokratischen Sozialisten wollen aber die repräsentative Demokratie durch eine Massendemokratie ersetzen, in der das Parlament nur ausführendes Organ der Massenüberzeugung ist und, in dem es gar keine persönlichen Überlegungen mehr zu erörtern gibt, sondern in dem man nur noch dem Massenwillen folgen kann. Jeder einzelne Staatsbürger soll nicht nur alle vier Jahre einen Vertreter in das Parlament berufen, er soll scheinbar selbst am politischen Leben teilnehmen, indem er die Aufsicht der Regierung nicht dem Parlament überläßt, sondern beide in ihrem Handeln durch ‚öffentliche Meinung' überwacht.

Wie jede Theorie hört sich das gut an, läßt sich jedoch hundertmal weniger verwirklichen als jene Demokratie, von der vor mehr als zwanzig Jahren Thomas Dehler sprach. Denn eine charakterliche Auslese schafft unser Wahlgesetz nicht, im Gegenteil, es verhindert sie. Die Hälfte der Abgeordneten wird nicht direkt gewählt, im übrigen wählt man keine Persönlichkeiten, sondern Parteien. Anstatt also das politische Schicksal auf die Willensbildung jener zu beschränken die politisch wißbegierig sind und damit zumindet die Voraussetzung mitbringen, sich politisches Sachverständnis anzueignen, erheben sich die demokratischen Sozialisten zu aufdringlichen Sittenschulmeistern. Sie erklären — d u , Masse, mußt dir in allen deinen Gliedern politische Begeisterung aneignen, sonst werden wir dich dazu zwingen, um etwas, das es in einer Massengesellschaft weder gibt noch geben kann, nachzuweisen! Jeder soll sehen, daß du durch uns herrschest und dein politisches Schicksal wie aus einer hohen Urteilsfähigkeit heraus selbst bestimmst.

Die ‚Mehr'-Demokraten bemühen sich also nicht, eine Elite von politisch bildungsfähigen Personen und Persönlichkeiten überdurchschnittlicher Charakterfestigkeit heranzubilden, sondern sie abzuschaffen; die Gesamtmasse soll zu einer politisch entscheidungsfähigen Versammlung werden! Und das, obwohl alle Soziologen und Psychologen übereinstimmend feststellen, daß es diese Gesamtversammlung politischer Menschen nicht nur nie gab, sondern auch gar nicht geben kann! Selbst wenn man theoretisch davon ausginge, daß so etwas herangezüchtet werden könnte, so gäbe das noch keine Gewähr für kluge Entscheidungen. Denn die wichtigste Bewegkraft für eine starke Beteiligung des einzelnen am politischen Leben sind Gefühle, nicht Vernunft. Die Interessen, die dabei verfolgt werden und die man für gemeinnützig ausgibt, sind durch vielerlei notwendige Bindungen weit mehr persönlich als gemeinnützig.

Demokratie muß also in dem Augenblick zur Ideologie werden, wo sie sich nicht mehr darauf beschränkt, nur die bestmögliche Gewähr gegen Machtmißbrauch zu bieten! Indem Demokratie m e h r sein will als das, hört sie auf, diese Gewähr zu geben. Eine totale Demokratie, also die alleinige Herrschaft durch die Gesamtmasse ‚Öffentlichkeit', ist ebenso undenkbar wie die totale Diktatur. Weder Hitler noch Stalin, weder Napoleon noch Ludwig der Vierzehnte waren in der Lage, allein aus sich zu herrschen. Sie haben es auch nie versucht, sonst wären sie als Diktatoren ohne Erfolg geblieben. Man kann eine Minderheit durch Terror beugen, aber eine Mehrheit an freiwilliger oder stummer Einwilligung muß auch ein Diktator immer für sich gewinnen. Darüber hinaus braucht er, um herrschen zu können, eine breite Gefolgschaft, aus der er die neue Oberschicht bilden kann. Zu glauben, eine Diktatur bestehe aus einem Diktator und einer von ihm tyrannisierten Masse, wirkt kindisch! Dennoch entspricht das der heute vorherrschenden Vorstellung vom Dritten Reich. Für die Herrschaft Stalins geht man sogar von der verrückten Annahme aus, daß ein einsamer Herrscher millionenfachen Mord verübte, wo man doch schon bei einfachem Nachdenken zu der Einsicht kommen muß, daß er dazu ohne eine gewissenlose breite Gefolgschaft gar nicht in der Lage gewesen wäre.

Wissenschaftliche Gecken gefallen sich sogar darin, den Antisemitismus des Dritten Reiches mit dem Antikommunismus in der Bundesrepublik Deutschland in Zusammenhang zu bringen, als handle es sich dabei um zwei verschiedene Ausflüsse ein und derselben tiefenpsychologischen Ursache. Nun wäre es interessant zu erfahren, wie diese Leute in ihre Zwecktheorie den hysterischen Antifaschismus einordnen wollen, dem sie selbst erliegen!

Der Unterschied zwischen Antifaschismus und Antikommunismus liegt doch allein darin, daß der erste sich wie verrückt geworden aufführt, so als sei der Faschismus heute unsere vordringlichste Gefahr, während der Antikommunismus trotz der tausend Konzentrationslager im Bereich der Sowjetunion und der Morde an der Zonengrenze seine Wirksamkeit völlig einbüßte.

Es stört diese intellektuellen Theoretiker der Antisemitismus-Antikommunismus-Einheit nicht, daß auch schon außerhalb des kommunistischen Machtbereichs jeder als Faschist verketzert werden kann, dessen politische Ansichten der herrschenden sozialistischen Weltanschauung Marx'scher Prägung widersprechen. Im Gegenteil, man empfindet das bereits als ehrlichen Lohn des Strebens nach m e h r Demokratie. Was für eine Schakalsgesinnung, eine Leiche unentwegt töten zu wollen, um von der eigentlichen Gefahr für unsere Freiheit abzulenken! Der noch sicherste Schutz, den der bürgerliche Rechtsstaat vor dem Faschismus hat, liegt im Faschismus selbst! Denn besäße der mehr als seine privaten Erinnerungen oder wäre gar das, was er in den zwanziger Jahren war — in seiner ideologischen Theorie neuartig, er würde auch genügend Intellektuelle finden, die ihm erst den Schwung gäben, gefährlich zu werden!

Wie kann gefährlich sein, was nur das wiederholen will was offenbar versagte? Denn hätte es nicht versagt, müßte es nicht wiederholt werden! Gefährlich ist doch nur, was verführerisch ganz Neues verspricht und dennoch das Alte blieb. Um eine solche Fälschung überzeugend zu bringen, bedürfte es der Intellektuellen, und die sind zur Zeit nur auf der Linken zu finden.

Verführerisch, wenngleich blödsinnig ist die Annahme, daß sich die Masse zur alleinigen Herrschaft erheben könne! Schon darum, weil dem weitaus größten Teil dieser Masse an einer solchen Herrschaft gar nichts liegt. Niemand verkauft Schnupftabak an Leute, die absolut nicht niesen wollen. Aber mit der Demokratie maßt man sich an, sie Leuten aufzuschwätzen die aus gutem Grunde mit Politik nichts zu tun haben wollen. Die kleine Gruppe Eingeweihter spielt sich dabei auf, als müsse sie einen offenbarten Gott in seiner Lehre verbreiten helfen — der Lehre von dem Gott M a s s e . Diese Masse sei in ihren Entscheidungen weiser als eine Gruppe politisch gebildeter und verantwortungsbewußter Persönlichkeiten, die man auf Grund ihres Sachverstandes und ihrer charakterlichen Eigenschaften dazu berief, Entscheidungen für die, die ihnen ein zeitlich befristetes Vertrauen schenkten, nach bestem Wissen und Gewissen zu treffen! Wer aber schon den Abgeordneten unter Fraktionszwang stellt, weil man ihm nicht allzuviel Sachverstand zutraut, sollte erst recht nicht davon ausgehen, daß eine Masse Entscheidungen treffen kann! Denn das setzte voraus, daß sie ein dafür zureichendes Wissen hat, sonst könnte man sich die Entscheidung ebensogut an den Knöpfen abzählen. Aber ein solches Wissen kann die Masse unmöglich aus sich selbst haben, es muß ihr nicht nur eingetrichtert, sie muß noch gleichzeitig unter Fraktionszwang gestellt werden. Diesen Fraktionszwang der Masse nennen wir ‚öffentliche Meinung'.

Das Unbehagen in den demokratischen Ländern unserer Zeit, das von den Erfahrungswerten in der Forschung der Soziologen und Sozialpsychologen ausging, beruht auf dem Mißverständnis, daß die Demokratie zu jeder anderen Herrschaftsform wie das Gute zum Bösen stehe. Darum sei sie auch darin zu bejahen, wo sie in sich sebst blanker Unfug ist. Die Demokratie unterscheidet sich in ihrer ‚reinen' Form nur unwesentlich von der Diktatur. Denn beide sind auf die gefühlsmäßige Erregung der Masse angewiesen. Erst die gemäßigte Demokratie wird sogar der gemäßigten Diktatur überlegen. Streichen wir das Schreckgespenst weg, zu dem die Bezeichnung ‚Diktatur' in der öffentlichen Meinung wurde und lösen wir diesen historischen Begriff von dem gegenwärtigen Verständnis der historischen Erscheinung Adolf Hitlers, das dringend einer tiefenpsychologischen Untersuchung bedürfte, so können wir nicht ohne weiteres davon ausgehen, daß ein Diktator nur von niedrigsten Beweggründen geleitet wird.

Sollte man allerdings bei der empirischen Forschung zu dem Ergebnis kommen, daß die Diktatur als scheinbare Machtvollkommenheit des einzelnen auch die moralisch hochstehende Persönlichkeit derart verändere, bis sie nur noch danach lechze, das beherrschte Volk zu vernichten, dann wäre es umso unverständlicher, warum man der proletarischen Masse als Diktator, die von vornherein über keine Charakterstärke verfügt, nicht ein noch viel schlimmeres Versagen zutraut. Auch die alleinige Herrschaft der ‚Öffentlichkeit' ist nichts anderes als eine Diktatur, die sich zum Spiel der Wahlen bedient. Die schlimmste Diktatur durch einen einzelnen hat gegenüber der totalen Demokratie noch den Vorzug, daß es in ihr einen sichtbaren Verantwortlichen gibt, der sich seiner Verantwortung, wenn nicht im sittlichen Sinne, so doch nachwelthungrig bewußt ist, wo es in der totalen Demokratie keinen Verantwortlichen geben kann. Der Wille der in einer totalen Demokratie Herrschenden wird der Masse als i h r Wille eingeredet, obwohl man die ‚öffentliche Meinung' nur darauf ausgerichtet hat, damit die Masse die jeweils gewünschten Entscheidungen trifft.

Wer zweifelt im Ernst daran, daß die Reichstagswahlen vom 10. April 1938 Hitler nicht die Mehrheit an Stimmen gegeben hätte, wenn neben den Kandidaten der Nationalsozialistischen Deutschen Arbeiterpartei noch zehn oder fünfzehn andere Parteien ihre Kandidaten aufgestellt hätten? Gewiß, es wären keine 99 Prozent geworden, sondern vielleicht nur achtzig oder fünfundsiebzig. Zu einer Fortführung der Herrschaft mit demokratischer Masseneinwilligung hätte es bestimmt gereicht! Würde man sich der Massendemokratie anstelle der Persönlichkeitendemokratie bedient haben, es wäre ein gleichartiger Stimmenerfolg wie in den Volksdemokratien des Marxismus zu erwarten gewesen.

Der junge Philosoph und Soziologe Jürgen Habermas, den das Dritte Reich als Fünfzehnjährigen entließ, stellte mit staunenden Kinderaugen fest, daß die Verfassungswirklichkeit des bürgerlichen Rechtsstaats seit je im Widerspruch zur Idee der Demokratie stand, ihn bisher aber stets in seinem eigenen Rahmen austragen konnte. Erst als der bürgerliche Rechtsstaat durch marxistische Intellektuelle aus den Angeln gehoben wurde, belastete ihn der Widerspruch zwischen dem, was er seiner Idee nach sein will, zu dem, was er in der Tat ist. Habermas folgerte daraus — „heute wird mit dem historischen Bewußtsein zugleich die Angst vor der Einsicht verdrängt, daß sich in solchen Erscheinungen eine geschichtliche Alternative anmelden könne — daß der bürgerliche Rechtsstaat entweder den liberalen zu einem sozialen Rechtsstaat entfaltet und Demokratie als eine s o z i a l e verwirklicht — oder am Ende wiederum in die Formen eines autoritären Regimes zurückfällt." Hier erkennen wir die Gefühlsbetontheit der politisierten Wissenschaft! Bis zur Unerträglichkeit hat man sich mit den ausschweifendsten Gruselgeschichten über die historische Vergangenheit politisch aufzugeilen versucht und staunt nun, daß nach der Übersättigung ein Unbehagen eintrat.

Jahrzehntelang wurden alle historisch bekannten Herrschaftsformen um einer einzigen willen mit jeder nur erdenklichen

Schande bedeckt. Die Demokratie sollte über allem in der Welt stehen. Nachdem sich dieses Bild von der unbedingt guten Demokratie und den bösen undemokratischen Herrschaftsformen in die brandgemalten Herzen einschwärzte, begnügte man sich nicht damit, alles stilisiert zu haben. Man wollte auch noch herausfinden, was denn nun an dem zum Schwan geschnittenen Buchsbaum ‚Demokratie' eigentlich dran sei! Man hatte da ein Ding wie das Allerheiligste zur allgemeinen Anbetung auf den Altar der Welt gesetzt und die ersten unfrommen Blicke befanden, daß es nicht vollkommen sei. Erst die Massendemokratie, oder die s o z i a l verwirklichte Demokratie, sei ihres Namens würdig.

Damit erweiterte man nicht den bisherigen Demokratiebegriff, wie Klein-Erna von der SPD meinen könnte wenn sie für zehn Pfennig mehr Demokratie verlangt, sondern man stiehlt ihn aus der prächtigen Monstranz und legt an seine Stelle einen gänzlich anderen ein. Originell ist das nicht, denn wir wissen sowohl aus dem alten Rom wie aus dem alten Griechenland, daß nicht die Altäre, daß nur die Götter wechselten. Weil aber dies Zehnsäulenwörtchen Demokratie unverändert blieb, meinen viele, daß sich auch der Inhalt nicht verändert haben könne. Die für den bürgerlichen Rechtsstaat und sein Demokratieverständnis bedeutsame verantwortungsbewußte Persönlichkeit wurde jedoch abgeschafft und durch die abstrakte Person ‚Masse' ersetzt, die man Öffentlichkeit nennt.

Diese Öffentlichkeit muß, um wie die Puppe des Bauchredners zum allgemeinen Erstaunen schwatzen zu können, mit einer ‚öffentlichen Meinung' ausgestattet werden. Die heftete man ihr an wie der Puppe das Strunztuch ihres Herrn. Und siehe da, sie redet ihm nach dem Munde! ‚Der Herr Bundeskanzler steht mit der Öffentlichkeit in einem ständigen Dialog'. T i r i l i !

Die Masse ist nie ein bürgerlicher Begriff gewesen und kann es ihrer Idee nach nie werden. Eine totale bürgerliche Gesellschaft als Alternative zur totalen Demokratie müßte eine Gesellschaft sein, in der die sich auszeichnenden Persönlichkeiten eine Elite bilden. Es ist vor allem eine Gesellschaft, in der man wieder lernt, daß Rechte Pflichten voraussetzen, und daß der, der die größeren Pflichten übernahm, auch die größeren Rechte bekommen muß. Wer behauptet, die bürgerliche Gesellschaft sei in ihren Anfängen eine Demokratie gewesen, kennt entweder die

Geschichte des Bürgertums nicht oder er hat eine verschrobene Vorstellung von Demokratie! Die bürgerliche Gesellschaft war auch in ihren Anfängen eine aristokratische Gesellschaft, in der der Adel nicht durch die Geburt bestimmt wird, sondern durch die persönliche Leistung oder das ererbte Kapital. Ein massendemokratisches Bürgertum hätte gar nicht wirksam werden können. Wahlen beschränken sich beim Bürger auf Auswahl! Wer etwas leistete, der konnte es zum Patrizier bringen, auch gegen den Widerstand der Altpatrizier. Wer aber der Allgemeinheit wenig Nutzen brachte, der galt auch für wenig. Das ist das Ausleseprinzip der bürgerlichen Gesellschaft, das der Adel durch sein reines Geburtsprinzip verfälschte und das die Massendemokratie ebenso wie die Volksdemokratie durch das Prinzip der Parteihörigkeit noch widerlicher ersetzt. Der schlimmste Wurm wird dort für sein Kriechertum verherrlicht. Konjunktur für Minderwertige!

Dagegen heißt bürgerliche Gesellschaft Leistungsgesellschaft. So wie die Sowjetunion seit 1917 davon träumt, den kapitalistischen Westen in seiner wirtschaftlichen Leistungskraft einzuholen, würde ohne Leistungsgedanken das Bürgertum noch heute davon träumen, den Adel und seine Hofwirtschaft leistungsmäßig zu überrunden. Stattdessen konnte Karl der Fünfte beim Anblick des königlichen Schatzes in Paris sagen. „Ich habe zu Augsburg einen Weber, der dies alles bezahlen kann!" Schon Jahrhunderte vorher kamen Könige, Fürsten und Ritter mit dem Hut in der Hand zum Bürger, um sich, wie Breschnew in Bonn, Geld zu borgen.

Solange es Bürger gibt, sei es in Deutschland, Frankreich oder gar Italien, als dem ältesten Bürgerland, gibt es auch Patrizier. Sie sind, bei allen Nachteilen die sie brachten, ebenso notwendig für die Stetigkeit in der Entwicklung gewesen wie die Kardinäle für das Papsttum der katholischen Kirche. Die Persönlichkeit aus der bürgerlichen Gesellschaft zu streichen wäre gleichbedeutend mit der Abschaffung oder unwürdigen Erweiterung des Kardinalskollegiums. Mit der totalen Demokratie haben beide Herrschaftsformen nichts zu tun. Wir müssen uns von Selbsttäuschungen befreien, sonst werden wir erleben, wie unter dem Ruf nach m e h r Demokratie das abgeschafft wird, was wir bisher für Demokratie hielten.

Auch die alten Griechen, die uns den Begriff Demokratie hinterließen, fanden den demokratischen Gedanken nur solange günstig, wie man darunter verstand, daß durch ihn die Gewalten geteilt werden in jene, die Gesetze erlassen, in die, die sie ausführen und in die Richter, die über die Einhaltung der Gesetze wachen. Freilich war es damals leichter, den Willen des Volkes durch den Willen der Parlamentsmehrheit zum Ausdruck zu bringen. Neben Regierung, Parlament und Richtern gab es noch nicht in dem Maße wie heute als vierte, alles beherrschende Macht — die ‚öffentliche Meinung'! Denn Zeitungen in Massenauflagen, Illustrierte, Film, Rundfunk, Fernsehen kannte man noch nicht. Aber es gab schon damals die Intellektuellen als Verführer, die dafür sorgten, daß die Übereinstimmung von Volkswillen und Parlamentswillen auseinanderstrebte.

Der heute von der jungsozialistischen und spartakistischen Jugend wieder geschätzte Platon schrieb im achten Buch ‚Der Staat': „Die Demokratie scheint die schönste der Staatsverfassungen zu sein: wie ein buntes, mit Blumen aller Art ausgesticktes Kleid, so ist auch diese mit subjektiven Charaktern aller Art ausstaffierte Verfassung dem Anschein nach die schönste, und die größte Mehrheit, die mit einem Kinder- und Weiberverstand nur an dem Bunten ihr Auge ergötzt, wird sie auch gewiß als die schönste wirklich ansehen." Und zwei Seiten weiter: „Die Demokratie ist eine allerliebste Staatsverfassung — zügellos, buntscheckig, eine Sorte von Gleichheit gleicherweise unter Gleiche wie Ungleiche verteilend." Dann wird Platon noch deutlicher, denn etwas gegen die Demokratie zu sagen galt auch damals für Gotteslästerung: „Das Allzuviel führt gern einen Umschlag in das Gegenteil mit sich, ganz vorzüglich in den Verfassungen. Denn die allzu große Freiheit schlägt offenbar in nichts anderes um als in allzu große Knechtschaft, sowohl beim einzelnen wie beim Staat. Und so geht die Tyrannis aus keiner anderen Staatsform hervor als aus der Demokratie, aus der zur höchsten Spitze getriebenen Freiheit, die größte und drückendste Knechtschaft."

Ich weiß nicht, wie es Jungsozialisten und Spartakisten fertigbringen, ihren altklassischen Liebling Platon ebenso wie den neuklassischen Schiller so zu lesen, daß dabei das wichtigste unter den Tisch fällt! Denn Platons Ansichten zu Jugenderziehung und Autorität wären ebenso lehrreich für sie. Auch hier erkennen wir die Gefühlsbetontheit der politischen Teilnahme, zumal für größere Menschenmassen. Sie nehmen sich was sie brauchen, um das zu begründen, was sie für sich als Meinung übernommen haben. Und die Herrschenden können sich sicher wiegen in diesem Narrenschiff der ‚öffentlichen Meinung'! Der späte, von schlimmer Erfahrung geläuterte Ernst Jünger, schrieb 1949: „Im Menschen, nicht in den Systemen, also im Kern muß neue Frucht gedeihen."

TOD DER MASSE!

Wir haben ein erregbares Tier entdeckt, das keinen Kopf aber zwei Schwänze trägt. Es kann nicht denken noch wittern und ist darum zu jeglicher Fehlleistung fähig. Wir nennen es die ‚öffentliche Meinung' und erhoben es zu unserer Richterin. Du, unser größter Tölpel, sollst uns das höchste irdische Wesen der Vernunft, des kühnen Willens, der sicheren Selbstbeherrschung und des unbestechlichen Gerechtigkeitssinns sein! — Ei nun, ein solches Tier wäre viel zu dumm, als daß es das wirklich geben könnte. Es ist nur eine gedachte Größe, der Trick eines Taschenspielers, so alt wie der Wahn einfallsloser Menschen, anstelle des einzelnen, den man zur Verantwortung ziehen kann, die Masse herrschen zu lassen. Die ‚öffentliche Meinung' ist darum auch nicht mit der vox populi zu vergleichen. Die beiden sind Kinder verschiedener Eltern.
Wie alt der Spruch ‚vox populi — vox dei' sein mag, läßt sich nicht mehr ermitteln. Jedoch kann er nicht älter sein als das Gottesbewußtsein. Zuerst lasen wir ihn bei dem christlichen Apostel Alkuin, den Karl der Große aus England zu sich berief. Alkuin warnte in einem Brief Karl den Großen vor des Volkes Stimme. Er schrieb: „Man muß das Volk nach dem göttlichen Gebot lenken, nicht aber ihm folgen. Man darf nicht auf jene hören die da sagen, des Volkes Stimme sei Gottes Stimme, denn der Ungestüm der Masse kommt stets dem Wahnsinn nahe." Des Volkes Stimme stand also im Widerspruch zur herrschenden Gesellschaft, was der öffentlichen Meinung nie passieren könnte, es sei denn, die herrschende Gesellschaft herrschte nur noch dem Namen nach.

Was Alkuin über das Wesen der Masse aussagte, ist bemerkenswert. Zwar ist jede Masse hochgradig erregbar, und darin unterscheidet sich das Volk nicht wesentlich von der Öffentlichkeit, aber des Volkes Stimme steht immer in einem abwehrbereiten Verhältnis zum Herrschenden. Es weiß sich dem Herrschenden unterlegen, dankt ihm durch Zuneigung für gute Herrschaft, grollt bei ungebührlicher Härte oder gar bei ungerechter Herrschaft. Die öffentliche Meinung vermag dieses Abwehrverhältnis nicht zu schaffen, weil die Herrscher nicht unter, sondern durch sie herrschen. Was öffentliche Meinung zu sein hat bestimmt der Herrschende. Der Spielraum für Abweichungen erweist sich bei näherem Hinsehen als ein Betrugsmanöver. Damit will ich nicht sagen, daß nicht auch schon Könige und Kaiser vergangener Jahrhunderte versuchten, des Volkes Stimme für sich zu gewinnen.

Das Volk stellte im ersten Deutschen Reich oft die einzige Waffe deutscher Kaiser im Kampf um ihre Herrschaft dar. Es waren vor allem die Bürger, die den Kaiser gegen die Machtansprüche der Fürsten stützten. Diese Hilfestellung wurde freiwillig gegeben, weil Bürger reichsfreier Städte wußten, daß die bürgerliche Freiheit vom Fortbestand des Kaisertums abhing. Die öffentliche Meinung ist jedoch kein Volk mehr, sondern nur noch der Geruch des anonym Herrschenden. Sie kann darum erst eine Kontrolle über den Herrschenden ausüben, wenn dieser schon nicht mehr herrscht, sondern zur Festigung der Macht von den neuen Herrschern nur als ‚Herrscher' ausgegeben wird.

Auch heute gibt es zuweilen noch so etwas wie des Volkes Stimme, wie wir es in den Jahren 1970 und 1971 erleben konnten als die Brandt-Regierung das Pornographieverbot aufheben wollte. Doch ebenso wie damals die Kirche durch Alkuin den Kaiser vor des Volkes Stimme warnte, so warnte der sowjetische Imperialismus den Herrscher in Bonn, auf des Volkes Stimme zu hören, sondern das Volk nach den marxistischen Geboten zu lenken und sein Murren als reaktionär und verbrecherisch aufzufassen und darzustellen. Man muß einmal die Leitsprüche oströmischer Kaiser nachlesen, um zu begreifen, wie sehr die Wiederherstellung des Westreiches für die Kirche Roms eine Lebensfrage war. Ohne ihren Befehl zur Gründung dieses Reiches wäre niemand auf die Idee gekommen, es zu gründen, am allerwenigsten der Mann, den wir heute als Karl den Großen kennen. Gab sich noch Kaiser Konstantin der Sechste den Leitspruch ‚Über ein Weib zu herrschen ist gleichsam ein unmöglich Ding' und sein Vorgänger Kaiser Leon der Vierte ‚Was nutzt einem das Glück, wenn man's nicht brauchen kann', trat mit der Herrschaft Karls eine völlig neue Einstellung zur römisch-katholischen Kirche ein. Karls Leitspruch — „Christus regiert, überwindet und triumphiert". Als treues Kind seiner Kirche, das auf Befehl Papst Leo des Dritten Kaiser wurde, fühlte sich Karl immer als Diener des Papstes, dessen Stimme für Gottes Stimme galt, neben der nicht auch noch des Volkes Stimme Bedeutung haben konnte.

Eine einheitliche Volksstimmung ist selten, doch hat es sie in der Geschichte als Ausnahme gegeben. Das sind die Schicksalsstunden eines Volkes, die über Glück oder Unglück entscheiden. Viele Geschlechter wachsen auf und vergehen, ohne sie ein einziges Mal zu erleben. Für die Deutschen brachte das Jahr 1813 solche Schicksalsstunden, als sich das Volk in kaum für möglich gehaltener Geschlossenheit erhob, seine Freiheit zu erkämpfen. Mit dem Januar 1871 begannen für die Deutschen erneut solche Schicksalsstunden, als das zweite Deutsche Reich gegründet wurde. Im Sommer 1914 erlebten die Deutschen, kurz zuvor noch in sich zerrissen und dem Verfall vor lauter Wohlstand näher als einem neuen Aufstieg, wie durch ein Wunder die alle erfassende einheitliche Volksstimmung, die die Ehre der Nation vor den Eigennutz stellte. Die letzten Sternstunden der Deutschen — es gibt Wahrheiten von denen viele meinen, sie blieben besser verborgen, — lagen im März und April 1938, als eine über hundert Jahre gehegte Sehnsucht, die Wiederherstellung des Großdeutschen Reiches, in Erfüllung ging. Die Begeisterung ergriff alle Deutschen, und ich selbst erlebte als Kind wie ein Verwandter als eingefleischter Sozialdemokrat und gewohnheitsmäßiger Spötter des Dritten Reiches von dieser allgemeinen Volksstimmung mitgerissen wurde. Spätestens mit dem November desselben Jahres, mit dem organisierten Verbrechen der Reichskristallnacht, war diese Einheit der Volksstimmung wieder zerbrochen.

Die ‚öffentliche Meinung' nahm diesen entscheidenden Bruch gar nicht zur Kenntnis, was bezeichnend für sie ist. Man lese einmal die Zeitungen vom November 1938! Lokalblätter, die über jede Veranstaltung eines Kaninchenzüchtervereins berichteten, schwiegen über das was Stadtgespräch war! Die brennenden

Synagogen und jüdischen Kaufhäuser, die zerstörten jüdischen Läden, was jedem sichtbar vor Augen stand und das Volk entsetzte, ist für die öffentliche Meinung überhaupt nicht vorgefallen.

Man weise das nicht mit der Bemerkung zurück, daß dies kein Merkmal der ‚öffentlichen Meinung' sei sondern der Art der Herrschaft! Auch heute, nicht einmal weniger kraß, findet so manches Unrecht und Verbrechen keine Stimme wenn es der ‚öffentlichen Meinung' nicht paßt! Das Totschweigen als Kampfmittel zur Erledigung politischer Gegner ist nicht 1945 außer Gebrauch gekommen, es wechselte nur die Objekte des Schweigens. Die Freiheit erweiterte sich durch die Demokratie nur, wo diese unvollkommen blieb. Und auch dort nur insoweit, als niemand mehr eine außergerichtliche Verhaftung befürchten muß. In den Ländern mit totaler Demokratie ist die Rechtsunsicherheit und Unfreiheit des einzelnen um vieles größer als sie sich für das nationalsozialistische Deutschland nachweisen läßt, das weder Mauer noch Stacheldraht und Minenfelder brauchte, sein Volk an der Flucht zu hindern. Erst im Wahn eines blindwütigen Antifaschismus, der der Narrheit des Antisemitismus ebenbürtig ist und von schweren Schäden der Moral und des historischen Bewußtseins zeugt, muß man zu anderen Ergebnissen kommen. Doch diese dürften nur von pathologischem Interesse sein.

Schon Platon gibt in ‚Politeia' die öffentliche Meinung als das große Untier zu erkennen, dessen sich die Intellektuellen seiner Zeit bedienten, um zur politischen Macht zu gelangen. Der weltbewanderte Vater der Geschichte, Herodot, klagte über den Begriff öffentliche Meinung: „Es gibt nichts Unverständigeres und Hochmütigeres als die blinde Masse. Wie unerträglich, daß wir die Selbstüberhebung des Tyrannen mit der Selbstüberhebung der zügellosen Masse vertauschen sollen! Jener weiß doch wenigstens was er will. Die Masse weiß es nicht."

Dennoch hat es Weise gegeben, wie Aristoteles oder, in der Neuen Geschichte, Pascal, die den Standpunkt vertraten, daß eine Gruppe von Menschen, von denen jeder einzelne nicht sittlich vollkommen sein könne, zusammen besser zu entscheiden vermögen als der einzelne. Doch beide gaben die Unschärfe dieses Gedankens zu. Pascal, der große französische Religionsphilosoph des siebzehnten Jahrhunderts, klagte, daß die Masse nicht nur ohne Vernunft, sondern gar die Feindin der Vernunft sei, weil sie im Menschen eine zweite Natur schaffe, ihn zu seinem Nachteil verändere, vom verantwortungsbewußten einzelnen zur verantwortungslosen Vielheit. Er vertrat jedoch die Meinung, daß die Masse die Mehrheit der einzelnen mit größerer Befriedigung erfülle als die Vernunft. Ihr liege nichts an Einsicht, wohl an eindeutigen Verhältnissen, und was ihr nicht klar sei, wolle sie nicht geklärt, sondern klar „gemacht" sehen, indem man das eine schwarz, das andere weiß anstreiche. Die Masse überhäufe den einen mit Ruhm, den anderen mit Schande. Wer nicht gut sei, sei ihr schlecht, wer kein Weiser ist, gilt für einen Dummkopf! „Wer verteilt den guten Ruf? Wer verleiht den Personen Achtung und Verehrung, wenn nicht die öffentliche Meinung? Sind nicht alle Reichtümer ungenügend ohne ihren Beifall?"

Schon Aristoteles schränkte die Möglichkeiten der öffentlichen Meinung und somit der Demokratie ein. Nur bei Fragen von bestimmter Unbestimmtheit sei die Gruppe in ihrer Entscheidung dem einzelnen überlegen. Diese Einschränkung ist selbstverständlich! Denn es mögen ruhig hundert Leute behaupten, eins und eins sei eins, das ändert nichts an der Richtigkeit des einen einzigen Urteils, das den Nachweis erbringt, daß eins und eins zwei sind. Niemand käme auf die Wahnsinnsidee, die Richtigkeit einer Rechenaufgabe oder einer chemischen Formel oder einer medizinischen Erkenntnis durch Mehrheitsbeschluß der Masse zu bestätigen oder zu widerlegen! Doch neben dem objektiven Wissen gibt es auch ein subjektives Wissen, das sich nicht nachweisen läßt. Der Glaube ist ein subjektives Wissen. Alles theologische Forschen vermochte bisher daraus kein objektives Wissen zu machen.

Doch auch subjektives Wissen läßt sich nicht gut demokratisch verwalten. Weit schwieriger war es Luther, seine Autorität im evangelischen Lager gegenüber der Auffassung, daß nun jeder selbst die Heilige Schrift auslegen könne, durchzusetzen, als sich gegen die Kirche Roms aufzulehnen! Nicht anders erging es der katholischen Kirche nach dem Zweiten Vatikanischen Konzil, als jeder Theologiestudent spätestens nach dem zweiten Semester damit begann, seinem Bischof vorzuschreiben, wie der Begriff ‚Kirche' zu definieren sei.

Weniger noch als subjektives Wissen ist die M e i n u n g. Was man meint, das weiß man nicht, weder objektiv noch subjektiv. Meinung ist, wie Kant sagte, ein mit Bewußtsein unzureichendes

Fürwahrhalten. „Ich meine j a!" heißt soviel wie — ich habe zwar keine Ahnung, aber mir ist gerad' so komisch im Bauch als könne es so sein! Zuweilen wird aus einer Meinung ein Glaube. Die Meinung der Ideologen ist Gottesersatz — es ist ein subjektives Wissen, das, weil es im Gegensatz zum religiösen Glauben für sich kein moralisches Gesetz erhebt, ungleich viel weniger wert ist als dieser. Ideologen würden auch dann noch bei ihrer ‚Meinung' bleiben, wenn man ihnen die Unhaltbarkeit ihrer Annahme wissenschaftlich nachwiese. Wer absolut will, daß eins und eins eins sei, dem ist auch mit Beweisen vom Gegenteil nicht beizukommen. Der Ideologe weiß tausend Tricks, um jedes hinderliche objektive Wissen zu verdrängen. Und warum sollten eins und eins nicht eins sein? Indem man die beiden ‚Einer' als Masse gleicher Art ansieht, bleiben sie e i n s als verdoppelte Masse!

Was Aristoteles beobachtete, war keine Masse, es waren Gruppen! Und das ist das einzige, was die Sozialpsychologie bisher unter günstigsten Voraussetzungen nachweisen konnte — die Urteilssicherheit der Masse ist nur dann dem Urteil des einzelnen überlegen, wenn die ‚Masse' aus höchstens acht Personen besteht und über eine Frage zu entscheiden hat, die nicht wißbar ist. Aber auch dann ist ein solches Urteil nur dem des einzelnen überlegen, wenn die Leistungen des Überlegens sinnvoll zu einem Ganzen gefügt werden. Damit haben wir den Boden des Praktischen bereits verlassen und hängen in der Luft des Theoretisierens! Denn die hohe Beschränkung im Umfang der Teilnehmer bedeutet doch nichts anderes, als daß aus der Gruppe einzelner keine Masse entstehen darf. Das ist nur bei kleinen Gruppen möglich und auch dort nur bedingt — die einzelnen müssen von gleicher Bildung und Denkfähigkeit, müssen von gleicher oder ohne ideologische Ausrichtung sein. Die Persönlichkeit muß gewahrt bleiben, muß ihrer Vernunft nach handeln können! In der Masse hört die Vernunft auf und der ‚Masseninstinkt' tritt an ihre Stelle.

Das Wort ‚Masseninstinkt' ist als Begriff allerdings ebenso verlogen wie das Wort ‚Massenaktion'. Es gibt keinen Masseninstinkt, keine Massenaktion! Ein Instinkt ist das, was dem einzelnen angeboren wurde. Es ist beispielsweise eine lächerliche Vermutung, daß der noch unbelehrte Mensch des Sexualkundeunterrichts sozialdemokratischer Kultusminister bedürfe! Alles zum Leben und zur Arterhaltung Natürliche bedarf keines Lernens und glückt bei der ersten Ausübung. Zu Instinkthandlungen ist der Mensch aber nicht nur in der Masse fähig. Sobald seine Vernunft versagt, oder ihm nicht schnell genug zu raten weiß, tritt der Instinkt als Beweger menschlichen Handelns ein. Wenn in der Masse Instinkthandlungen häufiger auftreten, die Instinkte dabei oft sogar ihre arterhaltenden Aufgaben nicht erfüllen, hat das mit dem Instinkt als solchem nichts zu tun, sondern mit der Masse. Der Mensch ist ein Gruppenwesen, kein Massenwesen! Alles in ihm lehnt sich gegen eine Vermassung auf. Es gibt Tiere, die sich in der Masse wohlfühlen und in ihr gedeihen. An ihnen werden wir alles das vermissen was den Menschen kennzeichnet — seine Neigung sich auszuzeichnen! Schon durch bloßes Anderssein versucht er sich vor anderen zur Geltung zu bringen.

Auf die Ersatzbatterie des Instinkts muß der einzelne in der Masse darum häufiger umschalten, weil er sich in ihr mit Vernunft nicht durchsetzen kann. Im Gegensatz zur Instinktbegabung ist die Vernunftbegabung außerordentlich verschieden verteilt. Ob sich der einzelne in der Masse des Unvermögens, er selbst bleiben zu können, nun bewußt wird oder nicht, er handelt in der Masse anders als er in einer kleinen Gruppe handeln würde. Nimmt man eine Dorfgemeinschaft oder eine Stadtbevölkerung, so hat darin jeder einzelne eine fast gleiche Instinktbegabung. Aber schon in einer Familie kann die Vernunftbegabung sehr unterschiedlich sein. Die Vernunft kleinzuschalten ist die erste Voraussetzung zur Massebildung. Auch die Auszeichnung in oder vor der Masse ist dem einzelnen unter Beibehaltung seiner Vernunft kaum möglich. Erst wer verrückt spielt, wie tot hinstürzt und dabei die Beine in die Luft streckt, fällt auf. Da merkt jeder sofort, so fällt keiner tot um! Exzentriker, deren Bekanntschaft jedes vernünftige Wesen meidet, werden darum in der Masse vernunftlos gewordener einzelner zu Leitbildern.

Wenn bei plötzlicher Gefahr eine Vielheit von einzelnen instinktiv zu dem Loch hineilt, durch das sie den Saal betrat, so ist das die ohne Vernunft bestmögliche Handlung. Sie wird erst in dem Augenblick falsch, wo tausend einzelne das gleiche gleichzeitig tun wollen. Von einer Instinkthandlung vernünftiges Wägen zu verlangen, wäre Torheit! Der Mensch handelt ja gerade darum instinktiv, weil ihm momentan seine Vernunft nicht verfügbar ist. Ein Außenstehender kann sich leicht erhaben fühlen gegenüber den vernunftlosen einzelnen in der Masse, nur — stünde er unter denselben Bedingungen, sein Handeln würde nicht anders aussehen!

Anpassung einer Vielheit von einzelnen ist fast immer nur nach unten hin möglich. Darum handelt der einzelne in der Masse stets dümmer als es Gott erlaubt. Die Gleichartigkeit der einzelnen in der Masse durch Verzicht auf Vernunft bedeutet jedoch nicht, daß der einzelne einen neuen, den der Masse angehörigen Instinkt fände. Der Instinkt bleibt ebenso an den einzelnen gebunden wie das instinktive oder exzentrische Handeln. Jede Absicht der Masse ist die Absicht von einzelnen. Die Absicht des einzelnen oder mehrerer einzelner läßt sich der Masse auch nicht auf vernünftige Weise mitteilen; man benötigt dazu der Übertreibung des primitiven Vormachers. Um aus einer Vielheit von einzelnen eine Masse werden zu lassen, bedarf es also bestimmter Gleichmacher.

Wichtigster Gleichmacher ist das Kleinschalten der Vernunft und das allmähliche Umschalten auf instinktives Handeln. Darum muß sich die Vielheit der einzelnen herkunftsmäßig, erfahrungsmäßig oder gesinnungsmäßig zusammenfügen lassen, um ohne Notwendigkeit dazu verführt werden zu können, die Vernunft aufzugeben. Jeder einzelne in der Masse muß, will er nicht störend wirken, das an sich unterdrücken was ihn anders erscheinen ließe. Er muß gleichzeitig das an sich hervorkehren, was er mit der Masse gemein hat.

Die für den einzelnen notwendige Herabsetzung der Vernunft in der Masse erhöht nicht nur seine Beeinflußbarkeit, sondern auch seine Einbildungskraft und sein unbestimmtes Drängen als Folge der Erregung. Es kommt zu einer Nachahmung von Handlungen, die die jeweils hemmungslosesten einzelnen der Masse anstiften. Sie wären den meisten außerhalb der Masse nie unterlaufen. Vernunft löst eben nicht nur vernünftige Handlungen aus, sie verhütet auch die unvernünftigen! Dabei kann der Wert der vernünftigen Handlung oder der verhüteten unvernünftigen nicht größer sein als der Wert der jeweiligen Vernunft. Vernunft ist hier nicht absolut, sondern verhältnismäßig aufzufassen, wie die Begriffe Wärme, Kälte. Die unbewußte Nachahmung des einzelnen in der Masse wird von den Soziologen als I n f e k t i o n verstanden. Sie ist in Wirklichkeit nur Instinkthandlung.

Wo Vernunft zeitlich ausfällt, findet auch eine Entpersönlichung statt. Der Gelehrte macht im Schlaf keinen geistvolleren Eindruck als ein geistarmer Mensch.

Die hemmungslosesten Personen, jene also, die auch im Normalzustand von einem Minimum an Vernunft geleitet werden, leiden selbstverständlich am wenigsten unter der Betriebsumschaltung von Vernunft auf Instinkt. Das macht sie als Leithammel besonders geeignet, weil der Verrückte in einer allgemeinen Verrücktheit wie ein Normaler wirkt, der Normale wie ein Verrückter. In einer Vielheit von Personen, die ihre Vernunft verminderten, um sich einander zur Masse anzupassen, würde ein vernünftiges oder auch nur halbwegs vernünftiges Handeln als unvernünftig empfunden werden. Man beobachte Tiere in der Natur die in Herden oder Scharen leben und man wird sehen, daß auch sie bei jeder unerwartet hereinbrechenden Gefahr wie kopflos reagieren. Tritt ohnehin bei Gefahr Bewegungsdrang ein, so erhöht sich gleichzeitig auch der Nachahmungsdrang. Es wäre töricht, sich über solche Ausfallerscheinungen, die besonders bei Massen zu beobachten sind, lustig zu machen!

So lange man selbst unter Vernunft steht, mag diese noch so bescheiden sein, bleibt einem die Handlungsweise unvernünftig gewordener Menschen unbegreiflich. Doch selbst die rationalste Vernunft schützt den einzelnen nicht unbedingt vor solchen Krisen, in denen das vernünftige Wesen aus Gründen des Selbstschutzes unbewußt zu Instinkthandlungen umschaltet. Die stolzeste Persönlichkeit wird dabei zur Hyäne! In solchen Augenblicken fällt alles von ihr ab, was Kultur und Zivilisation an und in ihr künstlich eingerichtet hatten. Dessenungeachtet — wo die gebildete Persönlichkeit stürzt, wird sie der ungebildeten Person u n t e r l e g e n. Diese Unterlegenheit ist die Folge ihrer verkümmerten Instinkte. Der primitive Mensch, der sich auch außerhalb von Gefahr und Erregung oft von seinen Instinkten leiten läßt und Vernunft womöglich erst auf Befehl gebraucht, erlangt bei den Instinkthandlungen in der Masse Überlegenheit. Das ist der Sieg der Dummheit über die Vernunft!

Der französische Soziologe Gustave Le Bon legte in seiner ‚Psychologie der Massen' die Erfahrungen nieder, die aus der Französischen Revolution und dem Aufstand der Kommune von 1871 zu sammeln waren. Er kam zu der Feststellung, daß in der Masse die jeweils primitivste Person zum Durchbruch kommt. Ist es nicht bezeichnend, daß eine weltbeherrschend gewordene Bewegung ganz bewußt auf Primitivpersonen aufbaut und sie zur Herrschaft bringen will? Diese Bewegung erhebt den für uns Menschen entwürdigendsten Zustand, den der verminderten Vernunft in der Masse, zum Idealzustand! Das primitivste Glied der menschlichen Gesellschaft, der ungebildete und darum mittellose Arbeiter, der Proletarier, soll über alle vernunftbegabten Wesen diktatorisch herrschen!

Panik kann den einzelnen bei unvermutet auftretender oder drohender Gefahr auch außerhalb der Masse erfassen. Doch in der Masse wird eine gewisse Form der Panik zum Normalverhalten. Der primitive Mensch, dem es im Leistungswettbewerb der Kulturgesellschaft niemals gelänge, eine seinen Ansprüchen auf Geltung entsprechende gesellschaftliche Rolle einzunehmen, erlebt in der Masse, sobald der für ihn notwendige Vernunftverfall eingetreten ist, welche Macht er auf seine Mitmenschen auszuüben vermag. Bald fühlt er sich nur noch in diesem krankhaften Gesellschaftszustand wohl, weil er spürt, wie vernünftig er unter Vernunftlosen wirkt, ohne sich selbst dabei verändert zu haben.

Darum unterscheidet die Soziologie beim Menschen zwischen Menge und Masse. In der Menge bleibt der Mensch er selbst, wenn auch vieles an seinem Verhalten aus Gründen der Zweckmäßigkeit dem Verhalten der Mehrheit angepaßt wirkt. Seine Vernunft ist aber nicht ausgeschaltet, höchstens kleiner gesetzt. Er kann noch, wenn es ihm zweckmäßig erscheint, darüber verfügen. In der Masse hingegen entsteht tatsächlich der Eindruck als sei aus der Vielheit der Menschen ein neuer Körper geworden. Dieser Eindruck ist eine Täuschung. Die Einheitlichkeit im Verhalten der einzelnen ist nur die Folge des Vernunftausfalls. Der Instinkt, der bei artgleichen Wesen zwar unterschiedlich geschärft, aber gleich ist, schafft diesen Eindruck. Dazu kommen die unbewußten Verhaltensweisen, die nicht angeboren, die bewußt erlernt wurden weil sie sich für ein Volk oder eine Nation als zweckmäßiges Verhalten aus Lernen am Erfolg ergaben. Auch diese Verhaltensweisen sind bei Menschen einer gleichen Kultur und Erfahrungswelt nahezu dieselben. Der Anlaß der Massebildung, die Erregung, das Gefahrenerlebnis, ein politisches oder soziales Anliegen, sind nur für die Entwicklung der Menge zur Masse und allenfalls noch für ihre Bewegkraft von Bedeutung. Es ist nicht nur denkbar, sondern schon vorgekommen, daß eine

Masse umfunktioniert wird, ihre ursprünglichen Absichten vergißt oder neue annimmt. Vernunft spielt ja keine Rolle! Der vernunftlos gewordene einzelne wird mitgerissen, steht ganz unter dem Erlebnis des Ausnahmezustands. Jener Kontrollhaushalt in ihm, der persönlich zu steuern war, regelt sich instinktiv wie alles übrige, das bewußt nicht zu regeln ist.

Dieser unbewußte Anpassungszwang im Menschen, seine veränderte Verhaltensweise schon in der Gruppe und noch mehr in der Menge, erschrecken uns in der Masse. Dieser Zwang gilt als noch nicht erforscht. Bei der Verhaltensänderung des einzelnen in Gruppe und Menge kann man von der Annahme ausgehen, daß die menschliche Ursehnsucht, sein Wollen in Einklang mit der W e l t zu bringen, den wesentlichen Antrieb dazu gibt. Das würde noch nicht den Totalverzicht auf Vernunft in der Masse erklären. Doch vielleicht wirkt auf den einzelnen in der Masse das aufs Tierhafte herabgesetzte Verhalten seiner Mitmenschen noch beängstigender, als wenn er außerhalb stünde und ihr enthemmtes Verhalten beobachtete. Man sollte einmal den B e o b a c h t e r n von Massenansammlungen zuschauen! Je weiter sie selbst von der Masse entfernt stehen, desto weniger wird das vernunftbegabte Einzelwesen von der Masse mitgerissen. Kommt die Masse näher an ihn heran, erfaßt ihn Unruhe; kaum einer vermag unbeteiligt zu bleiben! Jene, die nicht mitgerissen werden wollen, treten zurück, entfernen sich von dem sonderbaren Schauspiel.

Die Soziologie könnte hier in ihrem wissenschaftlichen Erfahrungssuchen einen großen Schritt vorwärtskommen, wenn sie sich mit dem Wesen der Kultur gründlicher auseinandersetzte; Kultur als Gegensatzverhältnis zur Natur begriffen! Das Verständnis dieses Gegensatzes wird dadurch erschwert, weil Natur und Natürlichkeit für einen Idealzustand menschlicher Gesellschaft gelten, und jene Erscheinungen der Kultur, die wir als Zivilisation bezeichnen, einen abwertenden Klang bekamen. N a t u r in dem hier gemeinten Sinne ist jedoch etwas anderes als der künstlich gehegte Wald, als die Kulturlandschaft des Bauernhofes, als das domestizierte Vieh auf der Weide! Vor zweihundert Jahren begriff man auch noch das Wort ‚künstlich' als etwas, das durch Kunst bewirkt wurde, wo es heute nur auf Kitsch und Minderwertigkeit bezogen wird. Eine Begriffsbestimmung für die Worte Kultur und Natur müßte also vorausgehen! Dann läßt sich der wissenschaftliche Nachweis erbringen, daß der Mensch nur in der Kulturentwicklung eine Zukunft für sich sehen kann und jene ‚Naturbewegung' bloß wie ein Fieber ist, das uns anzeigt, daß in unserer Kulturgesellschaft entweder das Verständnis für Kultur oder die Entwicklungen in ihr fehlgeleitet sind. Eine Rückkehr des Menschen zur Natur im totalen Sinne, also ins Tierhafte, muß als Unmöglichkeit begriffen werden!

Den Übergangszustand von Kultur zur Natur stellt uns die Masse dar! Er ist nicht dauerhaft, stellt nur eine vorübergehende Raserei dar. Der zivilisierte Mensch ist zum Kulturdasein gezwungen. Fühlt er sich in seiner Kulturwirklichkeit unbehaglich, sollte er die Kultur nicht zerstören, sondern entwickeln! Der Traum des Einfältigen vom natürlichen Leben hat mit Natur im Grunde gar nichts zu tun. Wer Vollkornbrot ißt, sollte das noch nicht als Rückkehr zur Natur bezeichnen, wo es nur die Umkehr aus einer zivilisatorischen Fehlentwicklung darstellt! Auch die M a s s e n f ü h r e r als Primitivpersonen sind keine Naturmenschen, sondern pervertierte Zivilisten. Unter ihrer Anführung können auch allgemein vernünftige und verantwortungsbewußte Personen in der Masse zu Handlungen hingerissen werden, die zur Zerstörung lebensnotwendiger Werte und zur Massenvernichtung mutmaßlicher Feinde führen, was im Bereich der natürlich gebliebenen Tiere undenkbar wäre.

Heute erleben wir, wie das Aufputschen von Minderwertigkeitsgefühlen, die Verherrlichung des jeweils entartetsten Geschmacks und die Erhöhung des Mittelmäßigen vor dem Vortrefflichen zum politischen Geschäft einer herrschenden Gesellschaft wurde, die sich der marxistischen Ideologie verschrieb. Wir müssen die Gefahr erkennen, die die Masse für die Würde des einzelnen darstellt! Wir müssen begreifen, daß keine Persönlichkeitsentfaltung in der Masse möglich ist, damit wir endlich mit allen Mitteln das bewußte Herbeiführen von ‚Massenhysterien' bekämpfen! Mit diesem Kampf müssen wir dort beginnen, wo ‚Massenhysterie', als Hysterie der einzelnen in der Masse, in ihren Auswirkungen unkontrollierbar wird, und erst allmählich und nach ausreichendem wissenschaftlichen Verständnis auf jene steuerbaren Massenveranstaltungen übergehen, wie agitatorische Massenmedien, Massensportveranstaltungen, Massenkarneval! Sollte es sich als unmöglich erweisen, daß jeder einzelne zu der für ihn notwendigen Selbstdarstellung im Bereich vernünftiger

Handlungen genügend Spielraum für sich findet, so wird man die kontrollierbaren Massenveranstaltungen aus Gründen der Sozialhygiene nicht nur dulden, sondern unter Verzicht auf jegliches Überheblichkeitsgefühl verstehen lernen müssen!

DIE FREIE UND DIE ÖFFENTLICHE MEINUNG

Die freie Meinung ist von der ‚öffentlichen Meinung' grundverschieden. Der ‚öffentlichen Meinung' braucht man keine Freiheit der Rede zuzubilligen, denn sie plärrt nur die von den tatsächlich Herrschenden erwünschten Parolen nach. Dagegen ist die freie Meinung immer gefährdet, am schlimmsten durch die ‚öffentliche Meinung'. Darum gilt die Erklärung in den Menschenrechten nicht f ü r, sondern g e g e n die ‚öffentliche Meinung': La libre communication des pensees et des opinions est un des droits les plus précieux de l'homme — die freie Mitteilung der Gedanken und der Meinungen ist das kostbarste Gesetz des Menschen. Man beachte, daß von ‚Meinungen' die Rede ist, wo ‚öffentliche Meinung' im Deutschen stets in der Einzahl steht! Gegenüber diesem Hurenkind staatlicher Propaganda oder giftmischerisch tätiger intellektueller Hintermänner ist die freie Meinung allerdings eine Kostbarkeit die wir aus dem Pfuhl machtpolitischer Hinterlistigkeiten heraushalten müssen! Dennoch wollen wir keine Verklärung des Begriffes ‚freie Meinung' herbeiführen. Eine freie Meinung haben, heißt, sich eigenmächtig Wissen zulegen das man gegenüber anderen nicht verbindlich nachzuweisen vermag. Wo jedes Wissen vom Beweis lebt, da steht und fällt die Meinung mit dem gefühlsmäßigen Wert, den man ihr selbst beimißt. Man kann seine Meinung s a g e n und selbst nicht recht daran glauben, und man kann eine Meinung l e b e n. Denn auch unser Verhalten drückt eine Meinung aus. Wer sich wie eine Drecksau benimmt, dessen Meinung kann wohlriechend parfümiert, aber nicht wirklich überzeugend anständig sein.

Die politische Diskussionssucht in unserer Zeit stellt keine erfreuliche Bereitschaft dar, anderer Leute Meinung kennenzulernen, um sie mit der eigenen abzuwägen. Man braucht nur einmal an solchen Veranstaltungen teilzunehmen, um das Hahnenkampfartige dieses machtbesessenen Behauptens zu begreifen! In der Diskussion soll das subjektiv und objektiv unzureichende Fürwahrhalten des Meinens als objektives Wissen ausgegeben werden. Nicht die Klarheit der Beweise, sondern die Ungestümheit und die Masse der Schreier geben der Aussage das Gewicht. Zu allem und jedem eine M e i n u n g zu haben, statt Wissen zu allem Wesentlichen, wurde zum Allgemeinbildungsersatz marxistischer Welterlöser. Diese Kleinen Leute des Wissens geben sich derart borniert, daß sie gar nicht die Zumutung empfinden, jeder solle zu jedem eine Meinung sagen, vertreten und gar noch verantworten! Verantworten kann man nur, was man weiß, nicht was man meint. Weder die Mitschuld an der Judenverfolgung noch am Zweiten Weltkrieg konnte ernstlich für ein ganzes Volk aufrechterhalten bleiben, trotz eifriger Versuche. Man weiß noch heute in der Sache viel zu wenig von diesen Dingen, kennt sie nur als Salzsäulen des Vorwurfs. Welche Mitschuld mag man später einmal aus dem heutigen Verhalten ‚öffentlichen Meinens' ableiten! Es ist niederträchtig, Menschen, statt sachlichem Wissen, nur Meinungen zu geben und sie damit wie Hampelmänner herumzappeln zu lassen. Könnten wir doch die Meinung wieder dorthin bugsieren, wohin sie ihrem Gewicht nach gehört, in den Keller des Hauses W i s s e n !

Wie weit entfernten wir uns mit dem Begriff ‚Meinung' von jener Zeit, aus der Thomas von Aquin schrieb, der Meinende stehe inmitten eines Widerspruchs; er fürchte, mit seiner Meinung unrecht zu haben. Wer das fürchte, setze sich leicht zur Wehr, verteidige seine Meinung mit Gründen, die ihm im Innersten selbst nicht ganz schlüssig seien. Aus dem Zwielicht zwischen sicherem Wissen und ahnungsvollem Zweifeln lasse sich der Zaudernde von dem Willen leiten, recht zu behalten. Je schwächer die Beweise, desto weniger kann sich der Meinende ein kühles Durchdenken erlauben, und leidenschaftliches Wollen treibe ihn zur Meinungsfechterei. Darin liegt die Unerquicklichkeit ideologischen Denkens begründet! Der Ideologe läßt sich nicht überzeugen, weil er kein Wissen, sondern nur Meinungen hat. Die Diskussion, auf die er solchen Wert legt, dient ihm nur dazu, die Besessenheit an seinem Fehlurteil wachzuhalten. Vermöchte er mit seinen Wahnideen auch niemand sonst zu überzeugen, so schützt er sich doch durch solche Debattierübungen selbst davor, seine Meinung zu verlieren. Wer solchen Leuten die Diskussion verweigert, tötet in ihnen den Drang zur Besserwisserei!

In noch einem müssen wir auch die freie Meinung einschränken — frei im Sinne eines unbedingten Fürsichseins, das gibt es nicht! Jeder ist auf die eine oder andere Weise in seinen Meinungen an Vorstellungen einer gesellschaftlichen Gruppe gebunden. Die Größe des Spielraums bestimmt die Stärke der Persönlichkeit. Eine eigene Meinung zu haben, das mag nicht viel sein, denn man kann sich auch übernommene Meinungen zu eigen machen. Sich eine eigene Meinung zu bilden, setzt bereits Vorstellungsvermögen voraus in Angelegenheiten, die man nicht wissen, die man nur meinen kann. Gemeinsamkeiten der freien Meinung rühren dann zumeist von der Gemeinsamkeit der Sprache her. Eine gemeinsame Sprache sprechen ist oft gleichbedeutend mit ‚einer Meinung sein'. Hier treten die Feinheiten unserer Sprache zutage!

Deutsch ist nicht gleich Deutsch, Englisch nicht gleich Englisch. Es kommt immer darauf an, welche Bilder Worte in uns wecken. Bei dem Wort F r e i h e i t denkt ein deutscher Kommunist an etwas gänzlich anderes als ein bürgerlicher Sprachgelehrter. Die geistigen Beziehungen zwischen den Menschen geben den Ausschlag für Meinungen. Das Wort Erster Weltkrieg weckt beim Deutschen eine ganz andere Vorstellung als beim Franzosen. Biedere Menschen meinen, daß doch allein die Wahrheit bei der Beurteilung einer historischen Gegebenheit den Ausschlag geben dürfe. Aber w a h r ist in allen Angelegenheiten der Meinung, was man für wahr hinzunehmen bereit ist. Da nutzen auch keine Beweise. Die Meinung ist viel zu machtbesessen, um sich aus gegenteiligem Wissen etwas zu machen. Sie nimmt nur das zur Kenntnis was ihr paßt und überschreit alles übrige. Einen Deutschen, der meint, daß es auf der Welt kein verbrecherisches Volk als das deutsche gebe, vom Gegenteil zu überzeugen, erweist sich in Zeiten wie diesen mit Mitteln der Vernunft unmöglich. Man kann ihn von der Verkehrtheit seiner Meinung erst überzeugen, wenn sie ihm nur noch Kopfschütteln und Gelächter einbringt — wenn sie aus der Mode gekommen ist. In dem Augenblick sieht er auf einmal ein, wie dumm eine solche Meinung ist und wird fest behaupten, sie nie vertreten zu haben, ja, ihr immer nach Kräften entgegengetreten zu sein! Jeden Beweis des

Gegenteils weist er empört zurück oder setzt ihm hundert Entschuldigungen entgegen, aus welch schlimmer Notlage heraus er dies zähneknirschend tat. Nachdem er das zweimal vorgetragen, glaubt er schon selbst daran.

Gemeinsamkeiten des Meinens ergeben sich also aus den verschiedenartigsten Wechselbeziehungen. Katholiken, die es nicht nur dem Namen nach sind, haben in nicht allzu bewegten Zeiten dieselbe Art der Meinung zu kirchlichen, sittlichen und gesellschaftlichen Dingen. Auch Angehörige desselben Berufes, desselben Standes, derselben Erfahrungswelt, kommen, da die Sprache in ihnen gleiche Bilder weckt, zu einander ähnlichen Meinungen. Diese Gleichheit der freien Meinungen ist sprachbedingt. Die Gleichheit der ‚öffentlichen Meinung' stellt nur eine Reaktion dar. Wenn ‚öffentliche Meinung' als die erwünschte Meinung der tatsächlich herrschenden Gesellschaft bezeichnet wurde, dann ist das nicht so zu verstehen, daß die wirklich Herrschenden der Öffentlichkeit lediglich vorzusagen brauchten, was sie zu meinen hat. Sie müssen ihr vielmehr das sagen, was in ihr die erwünschten Rückwirkungen auslöst.

Der Brunnen, aus dem täglich Nachrichten als Grundstoff der Meinungsbildung geschöpft werden, gleicht einem unerschöpflichen See. Nachrichtengebung ist immer Nachrichtenauslese. In der Regel gibt man den Leuten die Nachrichten, von denen man annimmt, daß sie sie hören wollen. Das ist eine unbewußte Auslese, indem der Nachrichtengeber fragt, welche Nachricht kommt an, was ist gerade in Mode? Hinzu kommt bewußte Auslese, indem zusätzlich ganz bestimmte Reaktionen gefördert werden. Ich kann nachweisliche Nachrichten vom Terror der Kommunisten bringen und ihrem Gewicht nach herausstellen, ich kann daraus auch eine Kurzmeldung machen, die ich den groß herausgestellten Scheidungsabsichten einer Fernsehansagerin anhänge. In dem einen Falle bildet sich als Reaktion in der Öffentlichkeit die Meinung, daß im Kommunismus eine Gefahr für die Freiheit der Person sei, im anderen Falle nicht. Man kann ebenso diese Nachricht unterdrücken oder ganz klein bringen und darüber einen großen Bericht setzen über die angeblichen sozialen Errungenschaften in kommunistischen Staaten, den die Nachrichtenagenturen des Ostblocks honorarfrei liefern. Allmählich bildet sich dann in der ‚Öffentlichkeit' aller gegenteiligen Erfahrung zum Trotz die Meinung, daß die kommunistischen Staaten trotz kleinerer, bald wohl überwundener Mängel ein Paradies für alle rechtschaffenen Menschen seien. Dieses Griffbretts der Meinungsmache wußte man sich schon vor mehr als tausend Jahren so zu bedienen, daß die jeweils erwünschten Reaktionen dadurch ausgelöst wurden. Man spielt auf diesem Instrument heute technisch raffinierter, mehr nicht.

Wenn der Soziologe Gerhard Schmidtchen sagt: „Demokratisch ist eine öffentliche Meinung dann, wenn die Möglichkeit, auf herrschaftliches Handeln zurückzuwirken, rechtlichen Schutz genießt", so täuscht das mehr Vorzüge vor als drinstecken. In einer Diktatur ist eine oppositionelle Meinung fast immer leichter durchzusetzen als in einer Demokratie. Das hängt mit der Dummheit der Diktatoren zusammen, die sich mit nichts weniger als 99 Prozent Ja-Stimmen zufrieden geben wollen. Wieviel Anti-Partei-Witze machten im Dritten Reich die Runde! In einer Demokratie sind die Einflußmöglichkeiten auf die ‚öffentliche Meinung' immer erst dann gegeben, wenn eine fremde politische oder wirtschaftliche Macht dahintersteht. Ohne die direkte und indirekte Hilfe der Sowjetunion wäre die öffentliche Meinung der Bundesrepublik Deutschland, nach allen Erfahrungen der Deutschen mit der Vertreibung und der besonderen Art der Herrschaft in Mitteldeutschland sowie den Vorgängen an der Zonengrenze und der Berliner Mauer, niemals ‚rot' geworden. Es gäbe hinreichend Stoff für Dissertationen, herauszufinden, was und wie die Sowjetunion dieses Wunderding der Erscheinung fertigbrachte, daß ein arg gebranntes Kind brandfreundlich wurde! Doch das scheint niemand wissen zu wollen.

Die Masse der Bevölkerung weiß zu jeder Zeit genau, was die Stunde geschlagen hat; viele haben einen sechsten Sinn dafür, auf welcher S e i t e sie stehen müssen, um im Beruf voranzukommen oder um in ihren gesellschaftlichen Beziehungen nicht isoliert zu werden. Sie wissen unbewußt, welche Meinungen sie abzuwehren haben und welchen sie sich zu ihrem Vorteil öffnen können. Um nicht in Versuchung zu kommen, über seine Einstellung nachzudenken, paßt man sich jeweils dem an, was gängig ist, oder einen in den Geruch der ‚Aufgeschlossenheit' bringt. Das gilt für den kleinen Angestellten ebenso wie für den Direktor der Großindustrie. Jene, die die Industrie maßgeblich vertreten, fanden es noch zu allen Zeiten bequemer, sich in bestehende Machtverhältnisse einzupassen, um das beste für sich daraus zu machen. Weitsicht und Umsicht darf man von solchen Leuten nicht erwarten; sie denken von einem Auftrag zum nächsten, und was sich langfristig daraus entwickeln muß, kümmert sie nicht.

Um Widerstand leisten zu können gegen das, was einem dem innersten Wesen nach widerstrebt, bedarf es des Charakters! Denn Widerstand fordert von einem Verzicht auf persönlichen Erfolg, Verzicht auf gesellschaftliches Ansehen, Verzicht auf Harmonie des Lebens. Der sogenannte rechtliche Schutz, den der demokratische Staat Andersdenkenden gewährt, wirkt nur solange beruhigend, wie man ihn nicht in Anspruch nimmt. Staatsanwälte und Richter, die wie alle eine Rolle spielen möchten, sind nach Erfahrung unserer Soziologen mit die ersten, die sich den Zeitgeist in der Beurteilung von Verhaltensweisen zu eigen machen. Prozesse politischen, sittlichen und gesellschaftlichen Einschlags, die in den fünfziger Jahren zur Verurteilung eines Angeklagten führten, würden heute mit Sicherheit einen Freispruch gebracht haben, und was damals freigesprochen wurde, würde heute verurteilt werden — ohne daß sich das Strafgesetzbuch geändert hätte!

Der Rechtsschutz bleibt eine fragwürdige Sache: mancher muß verbittert feststellen, daß der Vorteil der Diktatur gegenüber der Demokratie darin besteht, daß man in ihr den rechtlichen Schutz bei abweichender Meinung erst gar nicht erwartet. Schon 1803 schrieb Sebastian Chamfort in M a x i m e n u n d G e d a n k e n den bemerkenswerten Satz: „Die öffentliche Meinung übt eine Rechtsprechung, die ein ehrenhafter Mann niemals vollkommen anerkennen, aber auch niemals ganz ablehnen sollte." Chamfort, von der Revolution vertrieben, in Armut gebracht und zweimal verhaftet, gab diesen Nachsatz mit Bedacht. Er wußte, daß auch der ehrenwerteste Mann vor der öffentlichen Meinung aufhört, ehrenwert zu sein, sobald er sich eine, von der ‚öffentlichen' abweichende f r e i e Meinung erlaubt. Auf einmal meint dann jeder, und niemand weiß woher und warum, daß dieser Mann eigentlich ein schlimmer Säufer, ein Kinderverführer oder Homosexueller sei, obwohl er nichts von all dem ist noch war. Man sucht sich die jeweils ehrabschneidendste Verleumdung für ihn aus. Heute würde man von ihm in Deutschland vermutlich sagen, daß er ein Faschist sei; diese umherstreunende M e i n u n g genügt, auch den ehrenwertesten Mann f e r t i g zu machen. 1803 herrschte in Deutschland Napoleon! Seine totale Diktatur, die im Seidenhemd des ‚Fortschritts' kam, würde jeden vernichtet haben, der die ‚öffentliche Meinung' ganz und gar ablehnte. Schon ein mangelndes Dafürsein konnte da genügen, einen unglücklichen Mann wie Chamfort der Verfolgung auszusetzen.

Wer wissen möchte, was in einem Lande zu einer bestimmten Zeit tatsächlich vor sich ging, tut gut daran, den Stimmen ausländischer Besucher einen Vorrang zu geben, vorausgesetzt, daß sie ihr Urteil nicht schon vor Antritt der Reise im Gepäck trugen. Doch das findet man leicht heraus. Der Grundsatz, den Fremden vor allem zu hören, hat nichts mit Auslandstümelei zu tun! Es ist erwiesen, daß ein unbefangener Fremder gesellschaftliche Zustände und politische Vorgänge in einem Lande zumeist besser beurteilen kann als der Einheimische, mag er ihm geistig auch unterlegen sein. Zumindest sollte man sie beide hören, weil die ‚öffentliche Meinung' in dem jeweiligen Land, das ihr Herrschaftsbereich ist, das Urteilsvermögen des einzelnen eintrübt. Wer also in ein fremdes Land reist, halte besser seine Augen auf und sehe, was die dort vorherrschende Meinung aus den Menschen machte und er weiß besser über die Zustände und Vorgänge Bescheid als wenn er sich dort von vielen die gleiche ‚öffentliche Meinung' anhörte! Man nehme nur Mehnerts Reisebücher durch die Sowjetunion und Rot-China, die von der Presse über alle Maßen gelobt werden. Dort findet man die albernsten Bemerkungen, wie etwa diese in D e r S o w j e t m e n s c h : ‚Mit besorgter Miene äußerte sich mir gegenüber ein Fabrikarbeiter: "Der Adenauer liebt uns nicht!"' — Welchen Wert hat eine solche Erklärung? Sie wäre doch nur zur Beurteilung der Meinungsmache in der Sowjetunion bemerkenswert! Denn wo über Jahre Tag für Tag die entstelltesten, nur der Agitation dienenden Nachrichten verbreitet werden, zu welcher Meinung muß da ein armer Schelm kommen? Um dies zu beantworten, hätte niemand durch die Sowjetunion reisen brauchen, es hätte genügt, er würde zu Hause über einige Wochen sowjetische Zeitungen gelesen haben!

Darum warf schon Spengler die Frage auf: „Was ist Wahrheit? Für die Menge das, was man ständig liest und hört. Mag ein armer Tropf irgendwo sitzen und Gründe sammeln, um d i e Wahrheit festzustellen, es bleibt s e i n e Wahrheit. Die andere, die öffentliche des Augenblicks, auf die es in der Tatsachenwelt der Erfolge allein ankommt, ist heute ein Produkt der Presse. Was sie will ist wahr. Ihre Befehlshaber erzeugen, verwandeln, vertauschen Wahrheiten. Drei Wochen Pressearbeit und alle Welt hat die Wahrheit erkannt. Ihre Gründe sind solange unwiderleglich, als Geld vorhanden ist, um sie ununterbrochen zu wiederholen." Dies, in den letzten Jahren des Kaiserreichs geschrieben, braucht nur der technischen Entwicklung angemessen zu werden, um seine Gültigkeit zu behalten: „Die ‚öffentliche Meinung' ist heute ein Produkt des Fernsehens. Seine Befehlshaber erzeugen, verwandeln, vertauschen Wahrheiten. Drei Tage Fernseharbeit und alle Welt hat die Wahrheit erkannt." Und das G e l d ist immer dort, wo die tatsächliche Macht ist! Geld setzt stets auf das, was skrupellos genug ist, unbedingt herrschen zu wollen. Warum sollte auch jemand wahnwitzig sein Geld auf die Karte des Schwachen setzen, der sich im Wägen aufzehrt und zu tausend Kompromissen bereit ist, um am Ende alles an den zu verlieren, der ungeteilt seine Macht ausüben will?

Wenn heute eine scheinbare Meinungsfreiheit herrscht, etwa weil im Fernsehen auch die Meinung bestimmter Andersdenkender zu Wort kommt, so täusche man sich darin nicht — diese scheinbare Meinungsfreiheit übt bloß eine einschläfernde Wirkung auf das instinktive Mißtrauen eines Volkes gegenüber den Herrschenden aus! Am Ende weiß doch jeder, welche ‚Meinung' erwünscht ist und welche gar keine Meinung sein darf, sondern als Ansicht von ein paar Halbverrückten gilt, die, würde man sie sich zu eigen machen, einen sofort in den Geruch der Verrücktheit brächte — ohne daß sie darum objektiv verrückt sein muß. Wer kann es sich schon leisten, sich der täglichen Gehirnwäsche des Fernsehens zu entziehen? Doch nur jene wenigen, die ohne die Unterhaltungssendungen dieser Massenvergnügungsanstalt überhaupt noch lebensfähig bleiben! Man könnte ebensogut einem Rauschgiftsüchtigen den Rat geben, einfach aufs Rauschgift zu verzichten, oder dem Raucher, die tägliche Zigarette aufzugeben, als dem Fernsehsüchtigen, den Kasten kalt zu lassen! Sie wüßten ohne das Fernsehen nichts mehr mit sich anzufangen. Das ist die totale Diktatur! Diese gaffenden Meinungsempfänger sind ‚Mitherrscher' kraft ihres Stimmzettels!

Ich weiß von einer klinisch Schwachsinnigen, die nicht einmal fähig wäre, zur Wahlurne zu g e h e n , die man durch Briefwahl eine politische Entscheidung herbeiführen läßt. Das ist Z y n i s - m u s ! Da erkennt man, was gewisse Demokraten wirklich wollen — ungestört politischen Unfug treiben, denn eine Mehrheit zu manipulieren ist für sie nur die Frage, ob man das Fernsehen beherrscht oder nicht. Wozu braucht die Masse Nachrichten, denn sie will nichts wägen, möchte nur unterhalten werden, möchte bezaubernd gesagt bekommen, was zu m e i n e n in Ansehen bringt! Man schlage eine Zeitung auf, die mit Vorliebe gelesen wird! Man muß die Nachrichten suchen vor lauter Scheinnachrichten. Quark steht obenan! Man schätzt den Durchschnittsleser schon richtig ein, doch man sagt ihm nicht ehrlich, was man von ihm hält oder doch halten muß, nach allem, was er sich bieten läßt!

Eine Zeitung läßt sich noch beiseitelegen; die Leute waren darauf nie in dem Maße zu ihrer Unterhaltung angewiesen wie die Masse des Volkes auf's Fernsehen. Das Fernsehen läßt kaum Zeit, über das Gehörte und Gesehene nachzudenken oder auch nur darüber zu schwatzen! Wozu auch; trotz der verschiedenen Programme haben alle Bekannten meist dasselbe gesehen. Man könnte jeden Witz nur schlechtgekonnt wiederholen, bekäme kaum ein müdes Lächeln dafür. Doch man gestehe einmal diesen Armen unvorsichtigerweise, daß man selbst nie fernsehe, schon sieht man sie aufleben, sich die Zunge lecken, und mit einem Mal werden sie ‚geistreich', wiederholen in der ihnen ungeläufigsten Sprache die kompliziertesten Meinungen zu Dingen, von denen sie im Grunde gar keine Ahnung haben! Bald fühlt man sich angewidert von der Verfremdung, die in diesen Menschen vor sich ging, kindische Nachplapperer die in ihrer geistigen Entwicklung nur unwesentlich über die eines zwölfjährigen Kindes hinausgelangten. Man braucht zu einer ihnen fremden Meinung nur eine kleine Witzelei beizulegen — sofort hat man sie auf seiner Seite. Heißt das nicht, den Menschen entwürdigen? Wozu soll ein Bauer, ein Arbeiter, eine Hausfrau zu allem und jedem eine Meinung haben? Gebt ihnen Wissen soviel sie nehmen wollen, doch richtet sie nicht zu bloßen Meinungsträgern ab, die dann gar nichts mehr wissen, nicht einmal das, was sie wissen könnten — die für sie wesentlichen Dinge aus ihrem Lebensbereich! Daß sie so leicht fremde Meinungen aus dem Fernsehen annehmen, das hat doch seine Ursache darin, daß dieses verfluchte Zeittötungsmittel für allzuviele lebenswichtig wurde. Und die wenigsten können es auf die Dauer ertragen, im ständigen inneren Widerspruch zu denen zu stehen, die Fernsehen maßgeblich machen! Man übernimmt deren Meinungen nicht, weil sie überzeugen, sondern weil der eine gut aussieht und der andere sich immer so witzig gibt.

Es führt uns in die Irre, wenn wir uns fortgesetzt weigern, die politische Einfärbung in dem zu sehen, was wir als ‚öffentliche Meinung' bezeichnen! In welche Widersprüche begeben sich selbst philosophisch gebildete Geister wie Jaspers! Einerseits erklärt er: „Jederzeit gibt es Interessen, wirtschaftliche, politische, kirchlich-religiöse und andere, denen die Verbreitung gewisser Wahrheiten unerwünscht, gewisser falscher Vorstellungen erwünscht ist." Und gleich danach: „Die großen Journalisten erzeugen die öffentliche Wahrhaftigkeit. Wir schmeicheln ihnen nicht, wenn wir ihren hohen Beruf preisen. Soll der Journalist etwa neutral sein und nur berichten? Aber es gibt keinen Standpunkt über allen Dingen, keinen göttlichen Standpunkt außerhalb." Das ist Geschwafel! Oder: „Als Anfang des Jahrhunderts die Intelligenzprüfungen und Kenntnisprüfungen aufkamen, waren wir erstaunt, wie gering und falsch der Kenntnisstand war, abgesehen von den Spezialkenntnissen der je besonderen Berufe. Damals sagte ein Psychiater, verblüfft von den Ergebnissen: n o r m a l ist leichter Schwachsinn! Die Nichtinformiertheit der Mehrzahl in bezug auf die wesentlichen Dinge war bestürzend." Nur — die Intelligenzprüfungen an Erwachsenen von heute sehen eher trauriger als besser im Ergebnis aus! Dennoch meint Jaspers: „Es liegt an uns selber, wie wir informiert werden. Es ist ein Akt der Freiheit."

Selbstverständlich wäre es ein Akt der Freiheit, wenn ein ganzes Volk morgen am Tag sämtliche Fernsehgeräte zerschlüge und alle Tageszeitungen abbestellte, weil sie manipulierte Nachrichten geben! Aber welche Alternative bietet sich denn? Als Journalist kann ich allerdings auf deutsche Zeitungen und auf das Fernsehen verzichten; mir bleiben genügend andere Nachrichtenquellen, die mich informieren. Dabei finde ich für mich die Nachrichtenbriefe totalitärer Staaten aufschlußreicher, weil sie genauer zu erkennen geben, was der Herrschende will und keine solche Masse an Brei drumherumschmieren wie Presse und Fernsehen in nichtkommunistischen Staaten! Freilich muß man, etwa beim Ungarischen Pressedienst, zwischen den Zeilen lesen, will man an die Wahrheit herankommen. Der Westen bietet nicht einmal diese Möglichkeit — man weiß nie genau, was eigentlich los ist, was die tatsächlichen Absichten sind, alles ist eingesumpft in einer Masse Blödelei. Erst die gleichgeschaltete Presse gibt, wenn auch spiegelverkehrt, tatsächliche Informationen, denn der Herrschende bestimmt, was w i e gesagt und was n i c h t gesagt werden darf. Aus dem, was gesagt und was verschwiegen wird, kann sich ein intelligenter Leser recht gut ein zuverlässiges Wissen über die verdeckt gehaltenen Absichten der Herrschenden verschaffen, indem er die Verteilung der Gewichte in der Nachrichtenbewertung und auch ihr Schweigen ständig analysiert. Das ist kein vorgekautes Fressen, aber es ist eine Kost, die nicht so aus dem Leib geht wie sie hineingefressen wurde!

Wer von Massenmedien, die das bringen, was Hunderttausende oder gar Millionen hören wollen oder hinzunehmen bereit sind, etwas anderes erwartet, als die Verbreitung jenes politischen Hurenkindes ‚öffentliche Meinung', der hat, wie Jaspers, vom Werkstattbetrieb des Journalisten keine Ahnung! Wer Zeitung oder Rundfunk oder Fernsehen macht, der muß Rücksicht nehmen auf das was ‚öffentliche Meinung' hören will. Ein Außenseiter, der seine eigene Meinung brächte, die vom großen Haufe der Meinungsmacher abwiche, der käme erst gar nicht dazu, Mitarbeiter zu werden, oder, gelänge ihm das durch einen Trick, er würde es nicht lange bleiben. Wer etwas anderes sagen will als das was gängig ist, der bewerbe sich nicht bei der Presse um Anstellung! Bringt man im Fernsehen ausnahmsweise eine fremde Meinung, die zur öffentlichen Meinung wie ein Schwarzer zum Weißen steht, so tut man es in dem Bewußtsein, daß die Vorarbeiten gründlich genug waren, damit jeder diesen Andersdenkenden als Verrückten erkennen kann. Für alle Fälle hält man sich dabei genügend kurz, um erst gar keine Wirkung aufkommen zu lassen.

Wenn Jaspers sagt: „ W a s für Journalisten ein Volk hervorbringt, das ist heute ein wesentliches Moment seines Schicksals", so ist das dem Grunde nach richtig. Nur ist seine Meinung peinlich überspannt, wenn er vorausschickt „Welch große Leistung doch vorliegt, erfahren wir alle Tage". Diese ‚große Leistung' beruht darauf, daß wir intellektuellen Journalisten, die ideologisch genügend zugenagelt sind, die publizistische Machtergreifung erlaubten, so daß keinem Andersdenkenden, ohne zum ‚Faschisten' zu werden, mehr Raum bleibt! Journalisten wie Priester sind niemals besser als der Zeitgeist, in dem sie groß wurden. Kleine Zeiten, und wir leben in der denkbar kleinsten, bekommen d i e Journalisten, die ihnen entsprechen. Wie könnte es anders sein? Ausnahmen bestätigen nur die Regel.

Es gibt auch bei uns eine gleichgeschaltete Presse und Publizistik, hinter der ein Herrschaftsanspruch steht wie in den kommunistisch beherrschten Staaten. Allerdings bekommt drüben die Nachrichtengebung einen kultischen Charakter. Man spielt das Meinungskonzert wie auf einem schlechten Klavier. Die Ergebnisse sind dann langweilig, weil die Masse der Nachrichtenverbraucher lieber unterhalten werden möchte und sich selten Arbeit macht, aus dem vorgeworfenen Stoff die tatsächliche Substanz herauszusuchen. Es gibt auch eine gleichgeschaltete Presse und Publizistik, hinter der kein Herrschaftsanspruch, sondern nur Geschäftssinn steckt. Man fragt nicht, und wägt noch viel weniger wie Jaspers versponnen meint, was wissenswert sei, sondern was sich bei dem Publikum, das man hat oder zu erreichen wünscht, v e r k a u f e n läßt. Dazwischen ist immer noch Platz genug, zur Steigerung des modischen Effekts, die Weisheitssprüche der intellektuellen Souffleure anzubringen. Aber das bleibt ein solch fader Brei, daß es zum Mittel der Verblödung wird. Denn bei diesem Massenumsatz an unerheblichen Nachrichten und Scheinnachrichten kann man in Menge nur das umsetzen, was schon Bestandteil der ‚öffentlichen Meinung' ist. Dadurch wird sie zur eigentlichen Gleichschalterin.

Es wirkt zum Heulen komisch, wenn heutige Soziologen die ‚öffentliche Meinung' bis auf Stumpf und Stiel herunterputzen, um sie danach, weil sie ihnen unentbehrlich scheint, unter dem Weihrauch geschwülstiger Worte in die Monstranz zu heben und dem Volk zur gedankenlosen Anbetung auszustellen! So meint Gerhard Schmidtchen, nachdem er das Utopische der ‚öffentlichen Meinung' dargestellt, „ — wir können auf sie schon deshalb nicht verzichten, weil sie in der Mehrzahl unserer gesellschaftlichen Einrichtungen eingeplant ist." Das ist mir, offen gestanden, zu theologisch. Denn den Gottesglauben nur darum beizubehalten, weil man viel Geld in den Kirchenbau steckte und keine andere Verwendung für die Gebäude wüßte, hielte ich als Grund für ebenso unbefriedigend. Wenn etwas eingeplant wurde, was nach der Natur der Sache nicht funktionieren kann, so stelle ich doch keine zu Kugeln geschnittenen Buchsbäume drumherum, damit es wenigstens schön aussieht!

Der Soziologe Hennis geht aber soweit, daß er sagt: „Wenn es die ‚öffentliche Meinung' nicht gibt, dann muß man sie geradezu erfinden!" Dieser Schlaukopf läßt sich dann in literarischen Ergüssen aus die vom jugendlichen Wilhelm Zwo oder aus der Gartenlaube stammen könnten: „Die öffentliche Meinung soll r a t i o n a l bestimmt sein, nicht emotional. Die öffentliche Meinung soll vernunftbestimmt und f r e i , nicht manipuliert sein. Sie soll gekennzeichnet sein durch die Abwesenheit irgendwelcher Interessenstandpunkte." Ebenso gut hätte Hennis, der doch das Wesen der ‚öffentlichen Meinung' kennt, sagen können — „Wasser hat stets trocken zu sein und Feuer kühl, Vernunft aber muß für töricht gelten, weil es undemokratisch wäre, sie im Besitz von wenigen zu belassen!" Das Problem mit der ‚öffentlichen Meinung' ist ein Problem mit der Demokratie. Die g e n a u g e n o m m e n e Demokratie, nicht das, was wir in den besten Zeiten hatten, vermag nur dann zu funktionieren, wenn es zu allen öffentlichen Angelegenheiten eine mehrheitliche Meinung gibt, die auch noch als e i g e n e Meinung der einzelnen Träger zu gelten hat und nicht gemacht sein darf, sondern das Ergebnis unablässigen Grübelns sein muß. Man meint es knistern zu hören!

D i r e k t läßt sich eine öffentliche Meinung nur dort machen, wo der gesamte Informationsapparat unter dem Einfluß der Regierung steht. Dann weiß jeder, daß ist die Ansicht von dem und den, und den mag ich weil er gut aussieht, oder den kann ich nicht leiden weil er kurze Beine hat oder eine krumme Nase. Indirekt und damit nicht weniger wirksam läßt sich ‚öffentliche Meinung' machen, indem man herrschaftsfähige Interessen bestimmen läßt, was vorrangig Nachrichtenwert hat und was nicht, indem man, wie Jaspers ganz richtig beobachtete, die Verbreitung gewisser Wahrheiten, die unerwünscht sind, unterdrückt, und andere, die den Wünschen und Interessen entsprechen, groß herausstellt.

Wer in einer Zeit bestimmte, was an ‚öffentliche Meinung' zu erzeugen sei, das läßt sich am leichtesten aus alten Zeitungen ablesen! Auch unsere Zeitungen werden einmal alt, und wir können dann kopfschüttelnd nachlesen, welchen Unfug man mit Vorliebe verbreitete, während das wichtigste ganz klein an den Rand gesetzt wurde. Wir stehen dann nicht mehr unter der Hypnose des Zeitgeistes, erkennen auf einmal, was dumm und gemeingefährlich falsch war, schütteln darüber den Kopf, wie Leute, die man ernstgenommen hat, im Jahre 1974 vor einem faschistischen Imperialismus warnten, den man nirgends erkennen kann, dagegen die Gefahr vor dem Sowjetimperialismus methodisch herunterspielten. Ja, man sollte viel mehr alte Zeitungen lesen! Vielleicht lernte man dann, wie neue Zeitungen gelesen werden müssen.

Plötzlich, nachdem die Wirkungen historisch bekannt sind, erkennt man, wie da bestimmte Reaktionen ausgelöst wurden, liest es in den Leserbriefen nach und weiß auf einmal, wie diese Reaktionen entstanden sind und wie man das falsche Bewußtsein fabrizierte. In der Gegenwart wird sich der einzelne fast nie der Gängelung bewußt, merkt nicht, wie man ihn geschickt dahin bugsiert, wohin er meint, aus freiem Entschluß gegangen zu sein. Die Informationen, die man ihm gab, waren nicht nachweisbar falsch, sind jedoch nur ein Teil der Wahrheit und entpuppten sich erst zur Lüge, indem sie den Anspruch der Vollständigkeit zugebilligt bekamen. Wenn die unbedingte Demokratie voraussetzt, daß die ‚öffentliche Meinung' die Herrschenden kontrolliere, so geht man einwandfrei von falschen Voraussetzungen aus, und Demokratie ist nichts anderes als eine verkappte Diktatur ohne sichtbaren Diktator — die Diktatur anonymer Interessen! Man weiß nicht, von wo etwas ausgeht und in welcher Absicht; man kann niemanden zur Rechenschaft ziehen, kennt nicht einmal die Schuldigen, die immer Hintermänner bleiben.

DIE INFORMATION UND IHRE TRÄGER

Der Mensch, dieses unentwirrbare Bündel an vernunftmäßigem Handeln, eigennützigem Streben und instinktmäßigem Tun, weiß leider öfter als man es wünschen möchte, was ihm nutzt und frommt. Sollte er durch vernünftiges Denken zu einer Meinung kommen, die von der öffentlichen entscheidend abweicht, biegt er kurzweg seine Überlegungen ab, unterdrückt, was ihm im Ergebnis berufliche wie gesellschaftliche Nachteile bringen muß. Denn niemand, der nicht verschlagen ist, kann einer Sache dienen von der er weiß, daß sie ihm schädlich ist. Was tut der

Tropf? Er redet sich ein, daß er zu wenig von der Sache verstehe, um sie beurteilen zu können! Er fühlt — indem ich mich nicht darum kümmere ob es gut ist oder schlecht, weil mich niemand zwingt, die Verantwortung dafür zu tragen, geht mich das alles auch gar nichts an. Ist er ein Streber, dessen Weiterkommen vom richtigen Parteibuch abhängt, wie es für die meisten staatlichen wie kommunalen Angestellten leider üblich wurde, muß er sich jede gerade herrschende ‚öffentliche Meinung' zur Überzeugung machen. Dann wird sie für ihn zum Glaubensersatz. Jetzt ist die von außen an ihn herangetragene Meinung kein mit Bewußtsein unzureichendes Fürwahrhalten mehr, sondern subjektives Wissen, ohne daß sich an der Sache selbst etwas geändert hätte! Dadurch bekommt mancher menschliche Charakter das Aussehen eines Schneckenhauses. Die Charakterträger kriechen hinein und verschleimen den Zugang sobald sie für sich Nachteile wittern, oder steigen dreist hervor wenn sie eine n e u e Konjunktur kommen sehen. Solche Leute, die jeweils das für wahr halten was der gerade herrschenden Gesellschaft in den Kram paßt, nennen wir Karrieremacher.

Bleibt auch die Tatsache unbestritten, daß die freie Meinung des einzelnen unendlich wertvoller ist als die ‚öffentliche Meinung', so werden wir bei der allgemein vorherrschenden Denkfaulheit in öffentlichen Angelegenheiten leider nie ohne diese Massenausrichtung oder das was wir als ‚öffentliche Meinung' bezeichnen, auskommen können. Wir sind auch zu keiner Zeit ohne sie ausgekommen. Wohl können wir in der Geschichte Zeiten erkennen, in denen die sichtbar Herrschenden ihren Einfluß auf die Bildung ‚öffentlicher Meinung' mit den unsichtbar Herrschenden teilen mußten. In solchen Zeiten gab es wirksam zwei öffentliche Meinungen, wie etwa in der Adenauer-Ära ab 1956. Je weiter die Entwicklung fortschritt, desto weniger nachteilig wurde es, die Meinung der sichtbar Herrschenden nicht zu teilen und desto vorteilhafter mußte es jedem erscheinen, der eine Nase für Meinungskonjunkturen hat, auf seiten der unsichtbar Herrschenden zu stehen. Und auch das können wir aus der Geschichte der Meinungsmache lernen — Zeiten steter Entwicklung sind Zeiten einer maßvollen ‚öffentlichen Meinung'. Zeiten des Leerlaufs und der Fehlentwicklungen sind solche, in denen die ‚öffentliche Meinung' derart angeheizt wurde, daß die Massen zum Kochen kommen. Dann lodern bei den kleinsten

Ereignissen die Leidenschaften auf, daß man meint, in eine Irrenanstalt geraten zu sein.

Da gibt es Tage, wie um den 28. April 1972, als die Ostverträge im Bundestag durchgepaukt wurden, an dem ein Aufgebot an Psychiatern den Anteil an Schwachsinnigen in unserem Volke repräsentativ hätte nachmessen können. Was sonst vielschichtig verborgen bleibt, glühte und glimmte mit einem Mal aus den Gesichtern, daß einem angst werden konnte. Tage des Wahnsinns! In solchen Augenblicken der Geschichte läßt sich die Masse eines Volkes, als seien alle gesunden Instinkte verschwunden, willenlos in den Abgrund führen, mit dem verklärtesten Lächeln auf dem Gesicht.

Weil öffentliche Meinung eine Reaktion ist, bedarf es in der Regel neben des Reaktionsauslösers des Übermittlungsträgers. Reaktionsauslöser sind Informationen. Es gibt nur eine Art der direkten Information, die keines Übermittlungsträgers bedarf — die direkte Erfahrung. Sehe ich vor mir einen groben Menschen eine Frau oder ein Kind schlagen, so löst diese direkte Information in mir eine Reaktion aus. Ohne die Umstände zu kennen oder erfahren zu wollen, die den Grund zum Schlagen gaben, stelle ich mich auf seiten des Schwächeren. Ich urteile subjektiv, höre mir nicht die Klagen beider an, die des Schlagenden und die des Geschlagenen, sehe nur den Starken sich sein Recht gewaltsam suchen und verurteile ihn.

Die meisten Informationen erfahren wir nicht direkt, sondern indirekt. Will man eine bestimmte Reaktion in der Menge oder gar in der Masse damit auslösen, muß man die Informationen so geben, als suche sich einer gewaltsam das Recht, anderen seinen Willen aufzuzwingen. Die Art der Reaktion, die dadurch ausgelöst wird, läßt sich ziemlich sicher voraussagen, wenn nur die gegebene Information überzeugt. Ü b e r z e u g e n d wirkt eine Information immer dann, wenn sie unwidersprochen bleibt oder der Widerspruch zu schwach kommt, daß er aus Mangel an Lautstärke unterliegen muß. Einfältige Leute, darunter sogar solche, die große Politiker werden möchten, meinen, daß die Überzeugung einer Information das Ergebnis ihrer Beweislast sei. Man kann soviel beweisen wie man will, solange die überwältigende Mehrheit dagegen anschreit, bleibt das ohne Bedeutung!

Wo ein Krieg ausgelöst wurde, wird jedes Volk, das darin verwickelt ist, davon überzeugt, das Opfer eines unrechten Angriffs durch einen abscheulichen Gegner geworden zu sein. An Beweisen fehlt es auf keiner Seite, wohl an glaubhaften Gegenbeweisen. Die neutralen Völker nehmen als Zuschauer jeweils den Standpunkt des Stärkeren ein. So vertraten die Schweden im ersten Teil des Ersten Weltkriegs, so als seien sie selbst angegriffen worden, den Standpunkt Deutschlands, übertrafen ihn gar an Überzeugungskraft, um sich am Ende dem Standpunkt der Alliierten zu verschreiben. Liest man Schweizer Zeitungen des Zweiten Weltkriegs, stellt man erstaunt fest, wie gutwillig sie über Deutschland berichteten, solange die Deutschen siegten. Danach stellt man nur noch eine ablehnende Einstellung gegenüber Deutschland fest. Diese wechselnden Reaktionen müssen die Folge wechselnder Reaktionseinflüsse gewesen sein bei gleichbleibenden Informationsträgern!

Auch in Friedenszeiten wird Krieg geführt. Im Europa der fünfziger Jahre prägte man dafür das Wort des Kalten Krieges. Neu daran ist nur die Bezeichnung, denn diesen Zustand hat es immer gegeben. Man denke an den Kalten Krieg, der dem Ersten Weltkrieg vorausging! Ziel des Angriffs im ‚Kalten Krieg' ist die Vorherrschaft in den öffentlichen Meinungen der Welt. Niemand erkannte das bewußter als Lenin, der den Frieden als eine Fortsetzung des Krieges mit anderen Mitteln bezeichnete. Indem man pausenlos alle zugänglichen Informationsträger mit Reizstoffen belädt, die bestimmte Reaktionen auslösen müssen, wenn auch oft erst allmählich, führt man Krieg um sein Ansehen in der Welt. Gelingt es der Sowjetunion, sich als friedfertig darzustellen und ihre Gegner als hinterlistige und gemeingefährliche Friedensstörer, dann kann sie soviele Angriffe unternehmen wie sie will, ohne den Ruf einer ‚Bewahrerin des Friedens' zu verlieren. Die bürgerliche Gesellschaft ist darin dem Kommunismus tödlich unterlegen. Gibt sie ihren Abwehrkampf auf, weil der Gegner alles daransetzte, die Informationsträger der bürgerlichen Gesellschaft seinen Interessen zu unterstellen, ohne daß in seinem Lande eine gleiche Möglichkeit für die bürgerliche Gesellschaft bestünde, so hat sie ihren Kampf schon fast verloren. Sie ist nun ganz der Propaganda und Agitation des Gegners ausgesetzt. Die Lautstärke entscheidet und die endlose Wiederholung.

Wir ersehen daraus, daß Information niemals das sein kann, was man vorgibt, daß sie es sei — Mittel der Unterrichtung, statt Zweck zur Beeinflussung. Objektiv wahr im Sinne von Wissen ist Information nur in der Ausnahme; in der Regel kann sie nur subjektiv wahr sein, weil sie immer bloß einen Ausschnitt von der ganzen Wahrheit gibt. Wo aber eine Teilwahrheit zur ganzen Wahrheit erhoben wird, wirkt sie entstellend. Weil die einzelnen Informationen, die gegeben werden, meist a u c h wahr oder doch ziemlich wahr sind, können sie vorzüglich dazu beitragen, ein solides Lügengebäude zu errichten.

Je mehr Ö f f e n t l i c h k e i t in einer Sache betrieben wird, desto überzeugender kann gelogen werden. Denn Öffentlichkeitsarbeit hat nichts mit einer Bereitschaft zur Offenheit zu tun. Das Gegenteil ist wahrscheinlicher. Wer viel zu verbergen hat, muß pausenlos reden. Wer nichts zu verbergen hat, muß wenig oder nichts sagen, seine Sache spricht meist für sich selbst.

Wir würden zu weit vom Wege abkommen, nähmen wir an, daß jeder Nachrichtgeber die Information, die er gibt, bewußt verfälscht. Das trifft nicht einmal für die Mehrheit der beruflichen Nachrichtgeber, die Journalisten, zu. Der einzige, der bewußt lügt, ist der Diplomat. Und auch hierbei liegt diese Eigenschaft nicht im Diplomaten, sondern im Wesen der Diplomatie begründet. Unzureichend wird dieses Bewußtsein des Lügens bereits beim Politiker. Er wird sich selten darüber klar, daß er lügt, es sei denn, er sei ein Staatsmann von hoher Persönlichkeit. Alle übrigen sind davon überzeugt, um ihrer Sache willen nur mit verdeckten Karten zu spielen.

Bedenkt man, daß die sogenannte ‚Bonner Ostpolitik' schon 1963 in Moskau auf dem Reißbrett entstand und ebenso lange wenigstens drei Männern in Deutschland in allen Einzelheiten bekannt war — dem Wehner, dem Brandt und dem Bahr, und lesen wir gleichzeitig nach, welche vielgedruckten Informationen diese zur Ostpolitik gaben, so bekommen wir einen Begriff von dem, was heutzutage als I n f o r m a t i o n bezeichnet wird! Probeweise erklärte Bahr vor beschränkter Öffentlichkeit in Tutzingen in jenem Sommer 1963, die Berliner Mauer sei „ein Zeichen der Angst und des Selbsterhaltungstriebes" des Zonenregimes, die man ihr durch eine Politik der Annäherung nehmen müsse. Was denn auch acht Jahre später gelang, denn es wird immer noch an der Zonengrenze gemordet, aber die ‚öffentliche Meinung' der Bundesrepublik Deutschland nimmt so gut wie keine Kenntnis mehr davon und sucht stattdessen fleißig nach zweckdienlichen Ersatznachrichten aus den Dschungeln Asiens. Damals, 1963, sollte Bahr wegen seiner vorzeitig gegebenen Information gemaßregelt werden, was Brandt verhüten half.

Der Diplomat Wehner informierte die ‚Öffentlichkeit' folgendermaßen: „Wir verzichten als Deutsche im freien Teil Deutschlands auf keine unserer Ansprüche, weder auf den als ein Volk in einem demokratischen Staat zu leben, noch auf den, daß die Grenzen in einem Friedensvertrag mit einer Vertretung des ganzen deutschen Volkes festzulegen sind." Und als die Ostverträge längst unterzeichnungsreif vorlagen, von den Informationsdiensten der Ostblockstaaten schon als ‚Friedenspolitik Breschnews' in ihren wesentlichen Absichten besprochen wurden, und die sozialdemokratischen Minister der Großen Koalition unter Kurt Georg Kiesinger bereits darauf einzugehen bereit waren, gab Wehner, als Minister für Gesamtdeutsche Fragen, noch kurz zuvor die Information, die alle Zeitungen zur ‚Bildung der öffentlichen Meinung' übernahmen: „Wenn ich die polnische Haltung richtig verstehe, dann verlangt Gomulka zur Zeit bei der Aufnahme diplomatischer Beziehungen die Anerkennung der Oder-Neiße-Linie, die Anerkennung der sowjetischen Besatzungszone als Staat und die Ausklammerung Berlins. Diesen Preis für diplomatische Beziehungen mit Polen zu bezahlen, das kann doch niemand im Ernst verlangen!" Das war den Polen längst zugestanden worden und ist, sobald man die ‚Öffentlichkeit' genügend irregeführt und kirre gemacht hatte, auch Punkt für Punkt anerkannt worden.

Wir ersehen daraus, daß angeblich freie Informationen nicht nur ein schiefes, sondern grundverkehrtes Wissen verbreiten können, das sich vorzüglich zur Verdummung eines Volkes eignet. Die ‚Öffentlichkeit' wäre besser informiert worden, hätte man ihr beigebracht, wie kommunistische Nachrichtenorgane zu lesen sind. Würde man unseren Journalisten eine aktive Nachrichtenfälschung vorwerfen, fügte man den meisten nicht nur Unrecht zu, man würde sie damit sogar überschätzen. Denn nur wenige von ihnen stehen über den Nachrichten, sie stehen mittendrin und sind auch bloß Kinder des jeweils herrschenden Zeitgeists, somit Opfer der jeweiligen ‚öffentlichen Meinung'. Wenn Jaspers meinte, wir hätten heute besonders rühmliche Journalisten, nur weil sie ihm seine Aversionen verbreiten halfen, so mag die Ursache, abgesehen von seiner Eitelkeit, seine Unkenntnis gewesen sein. Denn vom Journalismus und von der Geschichte deutscher

Publizistik verstand er gar nichts. Freilich verfügt unsere Presse auch noch heute über einzelne Persönlichkeiten, doch daß ihr Anteil höher liege als im neunzehnten oder gar im achtzehnten Jahrhundert, wird wohl niemand im Ernst behaupten wollen. Schon Vergleiche zwischen dem Leistungsstand der Presse von heute und dem vor zwanzig Jahren ergäben ein schlechtes Bild für unsere Gegenwart.

Die Befangenheit des Journalisten in der Nachrichtenwiedergabe unterscheidet sich nicht grundsätzlich von der allgemeinen Befangenheit, etwa eines Augenzeugen, der das Erlebte so spannend wie möglich wiedergeben möchte, damit der Wert des Erlebnisses von den Zuhörern möglichst hoch gewertet wird. Das Gesehene, an dem man Augenzeuge war, stellt man in der Unterhaltung am Stammtisch, und einer größeren Bedeutung kommt auch unserer heutigen Presse nicht zu, unbewußt einseitig dar. Dadurch will man der Sache mehr Dramatik geben um alle anzusprechen. Die Klischeevorstellungen der gerade herrschenden ‚öffentlichen Meinung' bestimmen im wesentlichen, was bei der gerafften Wiedergabe des Vorfalls wegfällt und was über die Maßen hervorgehoben wird. Weil beide, Journalist und Stammtischinformant, nicht ohne Selbstgefälligkeit berichten, müssen sie Informationen zu geben vermeiden oder in die Maultaschen von Aber-Sätzen einpacken, die den Klischeevorstellungen der ‚öffentlichen Meinung' widersprächen. Darzustellen, daß es arbeitsscheue Arbeiter gibt, die ihren Arbeitgeber ausbeuten, wäre als Information, und gäbe es gute Beweise dafür, völlig unzeitgemäß und brächte den armen Informanten vor eine Front des Gelächters. Es sei denn, daß er seine Nachricht am Stammtisch der Unternehmer vorträgt. Dort müßte er sie nicht einmal beweisen. Jeder glaubte ihm das dort sofort und sei's nur darum, weil man es glauben möchte.

Wird das entstellt dargestellte Erlebnis nun gar noch weitererzählt, oder, journalistisch ausgedrückt, kommt der Bericht des Reporters auf den Schreibtisch des Redakteurs und gar noch bedenkenauslösend vor die Augen des Bezirksredakteurs oder Ressortleiters, erfährt er eine weitere Veränderung. Die Information wird dadurch schöner, aber kaum wahrer. Die Wahl der Information wird also weniger von der Wichtigkeit her bestimmt, nur weltfremde Idealisten können das annehmen, sondern sie wird von der Absicht des Meinungsmachers getragen, zumeist seine eigene Ansicht, seltener die vermeintliche Ansicht des umworbenen Publikums als vertretbar darzustellen.

So kommt, um ein Beispiel zu geben, in einer Stadt des Ruhrgebiets eine sich unabhängig nennende, aber für christdemokratisch geltende Tageszeitung heraus, die sich in ihrem Lokalteil bewußt sozialdemokratisch gibt, bedingt durch die politische Einstellung ihrer Redakteure. Das konnte ihr bisher nicht den Ruf nehmen, wie vor zwanzig Jahren ein Organ der Christlich Demokratischen Union zu sein! Es gibt keinen Pfarrer am Ort, der sie nicht in dem Bewußtsein liest, im Geiste des guten Glaubens informiert zu werden, obwohl diese Redaktion es ablehnt, über kirchliche Ereignisse oder Vorgänge in der CDU zu berichten, dafür umso fleißiger die kleinsten Ereignisse der Orts-SPD in aller Breite publiziert. Die ortsbeherrschende, ebenfalls ‚unabhängige', doch von einem Altsozialisten herausgegebene Tageszeitung gibt sich in der Berichterstattung über Vorgänge des kirchlichen Raumes und der CDU viel liberaler, weil man die wirtschaftlichen Absichten über die ideologischen stellt und auch die christliche Leserschaft gewinnen möchte, ohne viel Erfolg dabei zu haben. Ein Beweis, daß Journalisten ihre Leserschaft überschätzen! Der Zeitgeist geht über alles; wo ein Bevölkerungsteil noch nicht damit vertraut ist, schleifen sich seine Widerstände bald ab. Am Ende schlucken sie alles wenn man die zeitgeistgemäßen Informationen nur lange genug auf sie einträufeln läßt.

Will man heute diese Verzögerung der Gleichschaltung dadurch beschleunigen, indem man die Informationsträger aus der privatbesitzlichen Abhängigkeit löst, so ist das der erste Schritt zur totalen Diktatur. Wenn man ihn damit begründet, die Informationsgabe unabhängig zu machen, mutet er wie ein Schildbürgerstreich an. Denn je weniger Rücksicht Meinungsmacher auf Informationsempfänger nehmen müssen, desto bedenkenloser können sie ihre subjektive Meinung als objektives Wissen ins Spiel bringen. Da Ehrgeiz mitspielt, läßt sich das Ergebnis voraussehen! Meinungsträger, die in jeder Hinsicht finanziell unbesorgt sind, wie die ‚Schriften zur Öffentlichkeitsarbeit' staatlicher oder halbstaatlicher Behörden, erscheinen darum als reine Propagandastellen. Sie stehen mit der törichtsten Firmenwerbung auf einer Ebene. Was für eine Vermessenheit, anzunehmen, daß die Meinung des Journalisten freier sei als die des Verlegers! Schon die Annahme, daß die Abschaffung der Parteipresse zu-

gunsten einer ü b e r p a r t e i l i c h e n und u n a b h ä n g i -
g e n Presse die Meinungsfreiheit erweitere, erwies sich als
schwerer Irrtum! Denn nun bestimmen keine Parteiinteressen
mehr die Nachrichtengebung wie in den fünfziger Jahren, sondern die ‚öffentliche Meinung' schaltete alle gleich!

Weil der Erfolg des Journalisten darin liegt, durch Nachrichten-
auswahl zu bestätigen, was der Zeitgeist von ihm bestätigt sehen
möchte, neigt er in weitaus stärkerem Maße zum Tendenzreiten
als der Verleger, der in seinen wirtschaftlich bestimmten Überlegungen lieber den Ausgleich sucht, um niemand zu verprellen,
weder seine Anzeigenkunden, noch seine Leserschaft noch die
herrschende Gesellschaft, noch jene, die seine Leser werden
könnten wenn man ihre Meinungen a u c h berücksichtigte.
Warum sollte ein Journalist eine Wahrheit vortragen, die für
jene Minderheit von Bedeutung wäre, die zu seiner Zeit politisch
verfolgt wird? Etwa die Wahrheit des Unternehmers, des Bauern,
des Meisters eines bedrängten Handwerks oder des politisch Andersdenkenden? Er will vor der Masse gefallen, und die will nicht
die Wahrheit, sondern nur die Bestätigung für das, was gerade
vor dem Zeitgeist als große uniforme Wahrheit gilt!

Wo gab es einen deutschen Journalisten, der die Verdienste
deutscher Juden gepriesen hätte als sie allesamt für ausgemachte
Verbrecher galten? Wo gibt es heute einen Journalisten der bereit wäre, einem ehemaligen Nazi Gerechtigkeit widerfahren zu
lassen, wo sie alle, die nicht ihre Gesinnung wie das Hemd wechselten, für ausgemachte Verbrecher gelten? Welchen Wert hat
denn ein Gesinnungswandel, der auf den Wellen einer Gesin-
nungskonjunktur vollzogen wurde? Unverdächtig ist nur der Gesinnungswandel, der zum eigenen Schaden vollzogen wird, somit gegen den Strom der ‚öffentlichen Meinung'! Alles übrige
prüfe man dreimal; die meisten werden weniger eine Bekehrung
als einen Lumpen zutage fördern. Man bleibe mir darum vom
Leibe mit der hohen Berufsethik des Journalisten!

Die Masse heutiger Journalisten weiß gar nicht was Ethik ist;
würde man sie ihnen erklären, sie würden es sich verbitten, damit in Zusammenhang gebracht zu werden! Sie haben Ihren Zeitgeist, das genügt ihnen, das jeweils modisch richtige zu tun. Journalisten stehen in ihrer Moral nur in solchen Zeiten über dem
Durchschnitt, wenn Idealismus, sowie der Wille zur Selbstkontrolle und ein öffentliches Interesse an Sittlichkeit vorherrschen.

Solche Zeiten sind allgemein selten und niemals Wohlstandszeiten. Im übrigen sind Journalisten immer um einige Grade zynischer als ihre Zeitgenossen, weil sie sich ihrer Machtmöglichkeiten durchaus bewußt sind. In liederlichen Zeiten ist auch die Berufsauslese im Journalismus dementsprechend. Erst wenn Ideale wieder gelten, stellt der Beruf bei der Auslese seines Nachwuchses auch Anforderungen an den Charakter eines Menschen. Im ganzen gesehen wird man jedoch niemals größere Maßstäbe an die Persönlichkeit des Journalisten anlegen können als in anderen Berufsgruppen gleicher Bildung; eher kleinere.

Kritische Zeiten sind zumeist ratlose Zeiten. In ihnen redet man sich ein, daß man alles in Frage stellen oder zersetzen müsse, um voranzukommen. Als gebe es keine andere Antriebskraft zur Entwicklung als die, die vom Meinungsmacher ausgeht! Je größer der Wohlstand in einem Land, desto weniger sichtbar werden die weiteren Entwicklungen und Fortschritte. Dabei sind beide, würde man sie messen, größer als in Notzeiten! Welcher technische Stillstand herrschte in den Jahren von 1945 bis 1947! In ihnen zogen die Plänemacher und Ideologen wie überspannte Sonderlinge umher, boten ihre Mittel feil, für die kein Mensch Bedarf hatte. Die großen Jahre wirtschaftlicher, technischer und auch gesellschaftlicher Entwicklung waren nicht zufällig die, in denen die Meinungsmacher noch Selbstdisziplin übten, etwa die Jahre von 1948 bis 1950. Danach nahmen Entwicklung und Disziplin allmählich wieder ab.

Wer eine feine Erinnerung an jene Jahre hat, die dem politischen, wirtschaftlichen und gesellschaftlichen Zusammenbruch in Deutschland folgten, kann sich ein ungefähres Bild von dem machen, wie es in unserem Lande am Ende des Dreißigjährigen Krieges ausgesehen haben muß. Ich habe lange gemeint, daß ein wesentlicher Unterschied zwischen den beiden Situationen unseres Volkes bestanden haben müsse — die sittliche Wiederaufrüstung, die nach dem totalen Zusammenbruch von 1945 erfolgte, ist uns aus der Zeit nach 1648 nicht ganz so sichtbar. Dennoch muß es auch damals eine ähnliche Wirkung gegeben haben, weil nur Jahre später, nach dem tiefsten wirtschaftlichen Elend und der erbärmlichen Zerstörung die größte wirtschaftliche Blüte folgte. Ein solches ‚Wirtschaftswunder' ist kein W u n d e r das vom Himmel fällt; es ist das Ergebnis von hoher Arbeitsmoral, Selbstdisziplin und einem unerschütterlichen Vertrauen, daß sich die Zukunft nicht durch Stimmungsmache und intellektuelle Scharlatanerie, wohl aber durch zähe Arbeit bessern lasse, weil die Gegenwart, so wie sie war, sonst nicht ertragbar gewesen wäre. Die g u t e a l t e Z e i t, die zum Sprichwort wurde, hat es aber wirklich gegeben! Es ist die Wohlstandszeit, die etliche Jahre nach dem Dreißigjährigen Kriege folgte, sobald man die geistige, sittliche und gesellschaftliche Krise überwunden hatte.

Betrachtet man die Informationsträger jener disziplinierteren Zeit, die die Voraussetzung für das Werden einer g u t e n Z e i t ist, so stellen wir fest, daß es keine beschaulich friedliche Zeit war, wie man meinen möchte, ebenso wenig wie sich die späten vierziger und fünfziger Jahre unseres Jahrhunderts friedlich zeigten. Es gab eine äußere Bedrohung, die ernst genommen wurde. In jenem Jahrhundert standen die imperialistischen Türken vor Wien, hatten sich den Auftrag gegeben, die Welt, und das heißt immer zuerst Europa, zu erobern. Ebenso wie man nach 1948 die Gefahr des Sowjetimperialismus erkannte, der an der Elbe steht und die Welt für seine falsche Lehre gewinnen will. Die Flugschriften als wichtigste Informationsträger des siebzehnten Jahrhunderts, sind allgemein nicht unkritisch, aber doch frei von der Aversion, daß alles schlecht sei und zersetzt werden müsse. Durch den Machtverfall der Kirche war es längst Sitte geworden, die im Volke vorherrschenden Meinungen in den publizistischen Betrachtungen zu berücksichtigen. Man begann auch in Mitteleuropa stärker auf die ‚öffentliche Meinung' zu achten. Wich sie von dem ab, was die herrschende Gesellschaft wollte, bekämpfte man sie nicht, sondern veränderte sie durch zweckentsprechende Informationen.

Diese Entwicklung trat mit den fünfziger Jahren des siebzehnten Jahrhunderts stärker in Erscheinung; aber nur darum, weil die erste Hälfte jenes Jahrhunderts maßgeblich vom Kriege bestimmt wurde und Meinungen wie zu allen Kriegszeiten hinter die Erfordernisse der Kriegsabsichten zurücktreten mußten. Nicht erst Karl der Fünfte wußte schon die ‚öffentliche Meinung' zu beeinflussen, auch Karl der Große hätte in seinem jungen Riesenreich, in dem so vieles ungefestigt blieb, gar nicht gegen die ‚öffentliche Meinung' herrschen können. Wir könnten viel weiter zurückgehen, bis ins klassische Athen, in dem nach unserer Bilderbuchgeschichte die freie Meinung geherrscht haben soll. Warum verbargen dann die großen Männer Athens ihre persönliche Meinung hinter der ‚öffentlichen Meinung'? Es kann keinen anderen Grund dafür geben als den, daß auch sie ihre f r e i e Meinung nicht gegen die ‚öffentliche Meinung' vertreten konnten, es sei denn, sie gäben sie für d i e ‚öffentliche Meinung' aus, um überhaupt damit zur Geltung zu kommen.

Lange vor der Französischen Revolution muß sich die ‚öffentliche Meinung' von den Auffassungen der sichtbar Herrschenden getrennt haben, denn sonst hätte es keine Revolution geben können. Im tiefsten Despotismus, zu Beginn des achtzehnten Jahrhunderts, als sich die europäischen Adelsherrscher durch Selbstbefehdung aufzehrten, keimte knisternd in zahllosen ‚moralischen Magazinen' die Herrschaft neuer Meinungsmacher. Diese zumeist unregelmäßig erscheinenden intellektuellen Zeitschriftchen hatten eine außerordentliche Wirkung, die wir uns heute, wo wir sie lesen, kaum noch vorstellen können. Man nahm sie mit Begierde auf und das Gelesene wurde oft weitererzählt. Blieb ihr Erscheinen einmal längere Zeit aus, so erkundigten sich die Leser besorgt, ob der Verfasser die Herausgabe des Magazins etwa eingestellt habe. 1727, mehr als sechzig Jahre vor der Französischen Revolution, die angeblich erst Licht in das Dunkel der unterdrückten Völker brachte, schreibt der Herausgeber des Magazins ‚Der vorwitzige Tadler', Johann Christoph Gottsched: „Es ist bereits dahin gekommen, daß der geringste Handwerksmann oder unverständige Bauer gar mit Hintansetzung ihres Berufes sich erkühnen, die ohnbegreiflichsten Geheimnisse kirchlicher und königlicher Ratschläge, welche meistenteils dem allwissenden Gott allein bekannt sein, zu ergründen und ihrem närrischen Urteil unterwerfen. Der unverständige Pöbel will ja allenthalben an der Verwaltung des gemeinen Wesens teilhaben und ungebeten sein Gutdünken über die wichtigsten Welthändel aussagen."

Diesen Gottsched, obwohl er zu seiner Zeit zum Literaturpapst wurde, mit Augstein zu vergleichen, wäre nicht nur vermessen, denn er war ein Gelehrter, es wäre auch der Wirkung nach falsch. Bei allem Eigensinn, den man Gottsched im Alter nachsagte, wirkte er nicht zersetzend, sondern aufbauend, vor allem an der deutschen Sprache, die die herrschende Fürstengesellschaft Europas durch ihr arrogantes Französeln verkümmern ließ. Daß er zum Diktator der Informationsträger werden konnte, spricht f ü r seine Zeit und gegen die Zwecklüge von der absoluten Herrschaft der Fürsten, die unser Geschichtsbewußtsein beherrscht. Erst wenn sich die Prawda maßgeblich nach der Meinung Solschenizyns ausrichtet, hat die Sowjetunion jenen Stand der Meinungsfreiheit und Redefreiheit erreicht, wie er immerhin schon im ‚finstersten Despotismus' bestanden haben muß.

Nicht nur Journalisten und Schriftsteller machen Meinung. Bis in unsere Zeit hinein versuchten auch Schauspieler Meinung zu machen. Wenn man sie heute durchweg bedenkenlos ideologisch und im Zeitgeist gebunden sieht, so war das nicht immer so. Es gab Zeiten in denen Schauspieler für die Kundgabe ihrer freien Meinung ihr Leben riskierten. So fügte er römische Minnesänger Laberius zur Zeit Cäsars und in Gegenwart dieses Herrschers, einen Sklaven darstellend, an den Text seines Stückes: „Auf Quiriten, wir verlieren die Freiheit!" den nicht vorgesehenen Satz an: „Viele muß fürchten, wen viele fürchten!" Man muß nicht viel sagen in einer Diktatur, um verstanden zu werden! Nur in Zeiten der Intellektuellen wird viel gesabbelt und wenig verstanden. Doch alle Augen wandten sich bei den Worten des Laberius auf Julius Cäsar! Auch im Angesicht Neros wagte ein Schauspieler auf die Ermordung des Claudius und der Agrippina anzuspielen. Sogar aus Byzanz blieben uns Nachrichten erhalten, was Schauspieler wagten, um ihre Meinungen kundzutun. Im achtzehnten Jahrhundert ist es vor allem Schiller gewesen, der die Bühne als Informationsträger benützte, um der Menge zu sagen, was wirklich los ist und wie es um die Freiheit bestellt sei. Napoleon hingegen verstand es schon fast so vorzüglich wie die Parteileute des Marxismus, die Bühne als Agitations- und Propagandastand der eigenen imperialistischen Absichten zu gebrauchen.

Die große Zeit des Journalismus als Tagesschreibe begann erst mit dem neunzehnten Jahrhundert. Der Erfolg dieser Meinungsmache kraft technischer Mittel, nicht dank größerer Vernunft, läßt sich am besten verstehen, wenn man die Klage durchdenkt, die Leopold Ranke erhob. „Keiner von uns kann freilich eine größere Bildung schätzen als er selbst besitzt, und es ist daher von den Mittelmäßigen, welche in der gewöhnlichen Meinung stehen, auch nicht zu verlangen, daß sie die Wissenschaft oder eine wahre politische Einsicht schätzen sollen."

Der Niedergang der Vernunft ist ursächlich verbunden mit dem Aufstieg jenes blutleeren Gespenstes, das wir ‚öffentliche Meinung' nennen, unter dessen weißen Tuch sich die possenhaftesten Leute verbargen. Das begann in der Neuen Geschichte mit der vorrevolutionären Zeit in Frankreich, also etwa mit den letzten Lebensjahren Ludwig des Vierzehnten. Er setzte sich wasserköpfig fort unter dem äußerst schwächlichen Ludwig den Fünfzehnten und dem schon machtlosen Ludwig den Sechzehnten und seinem Liebediener der ‚öffentlichen Meinung', dem Minister Necker. Das Gerassel der Köpfmaschine in der Französischen Revolution war nur die böse Folge der ‚öffentlichen Meinung'.

In Deutschland tritt diese starke Unruhe, nachdem ihre erste Welle nach den sichtbaren Ergebnissen der Französischen Revolution abkühlte, erst im neunzehnten Jahrhundert auf, wenige Jahre nach den für das deutsche Volk unbefriedigenden Ergebnissen des Befreiungskampfes, etwa ab 1818. Damals versuchten die deutschen Fürsten, als sie sich außerstande sahen die ‚öffentliche Meinung' zu ihren Gunsten zu verändern, gegen sie zu herrschen. Hardenbergs Rat, den er noch zur Zeit der napoleonischen Unterdrückung seinem König gab, blieb unberücksichtigt: „Mehr Aufregung von patriotischem Enthusiasmus! Mehr belohnen und auszeichnen wer sich hervortut; mehr verachten die Gleichgültigen, schärfer strafen die Pflichtvergessenen, Klagen und Kleinmut entfernen, jede Anstrengung befördern; die öffentliche Meinung mehr ehren und bearbeiten durch zweckmäßige Publizität, Nachrichten, Lob und Tadel!"

Solange noch der Gebildete die ‚öffentliche Meinung' bestimmte, vornehmlich im achtzehnten und frühen neunzehnten Jahrhundert, waren die Salons der vornehmen Gesellschaft die wirksamsten Informationsträger. Wer seine Meinung zur Geltung bringen wollte, der mußte einladen können oder eingeladen werden. Allen Zwecklügen der Marxisten über die Stellung der Frau zum Trotz, läßt sich feststellen, daß in jenen Salongesellschaften, in denen die geistreichsten und mächtigsten Männer der Zeit zum Gespräch zusammenkamen, oft genug eine Frau im Mittelpunkt stand. Wenn die Frau diese Rolle später verlor, so mag einer der wichtigsten Gründe darin liegen, daß ihr die abstrakten Informationsträger wie Zeitung und Streitschrift zunächst weniger lagen als das Gespräch und die Unterhaltung.

Wer in der Welt etwas zu gelten habe, das bestimmten im achtzehnten und frühen neunzehnten Jahrhundert die Salons kleinadeliger und großbürgerlicher Familien. In ihnen wurde Voltaire zum Dichter, Philosophen und Historiker gemacht. Was Kunst sei und was für Philosophie oder gültige Geschichte anzusehen war, wurde dort ausgemacht. Die Salons bauten den Kaiser Napoleon auf und stürzten ihn wieder. Sie bestimmten, welche politischen Ansichten ‚öffentliche Meinung' machen sollten und welche zu verwerfen seien. Die Macht der Salons läßt sich heute kaum noch vorstellbar. Aber als Madame de Staël im Sommer des Jahres 1802 in ihrem Salon Anhänger des gemäßigten liberalen Systems um sich versammelte, verbannte Napoleon sie aus Paris und Umgebung, verwies sie somit aus den einflußreichsten Salons. Erst zwölf Jahre danach, als er vernichtend geschlagen worden war, durfte diese kluge Frau aus dem Exil zurückkehren. Schon 1794 hatte sie, die eine Tochter des ehemaligen Finanzministers Necker und Gattin eines schwedischen Gesandten war, versucht, die Einspruchsbemühungen des Parlamentspräsidenten von Bordeaux zugunsten von drei unschuldig zum Tode Verurteilten zu unterstützen. Sie schrieb an den schwedischen König um Hilfe und versicherte: „Die geselligen Konversationen sind nicht mehr müßig, denn nach ihnen bildet sich die öffentliche Meinung. Die Worte sind Handlungen geworden."

Der französische Literaturhistoriker Taine beklagte noch in der zweiten Hälfte des neunzehnten Jahrhunderts die Vormachtstellung der Salons. „Die Literatur schweigt über die vitalsten Organe der Gesellschaft, über die Verhältnisse und Sitten, die zur Revolution führen werden, über Feudalrechte und die herrschaftliche Gerichtbarkeit, über die Organisation der Klöster, über die Provinzzollämter, über die Zünfte und das Meisterrecht, über Zehent und Frohndienst. Es scheint nur Salons und Gelehrte zu geben; alles übrige scheint nicht zu existieren. Und unterhalb der plauderischen Gesellschaft kommt einem Frankreich leer vor."

Machten wir von dort einen Sprung in unsere Zeit, müßten wir sagen: „Es scheint nur Fernsehen und Linksintellektuelle zu geben; alles übrige scheint nicht zu existieren. Und außerhalb der glotzenden und geifernden Gesellschaft kommt einem Deutschland leer vor." Hingegen schildert das Fischer Lexikon verklärend diesen Zustand so: „In den Demokratien liegt die Aufgabe der öffentlichen Meinungs- und Willensbildung weitgehend bei der politischen Publizistik, deren Freiheit verfassungsrechtlich gesichert ist. Politische Publizität tritt heute in mannigfaltigen Formen auf — in der Rede, der Zeitung, der Zeitschrift, dem Rundfunk, Film und Fernsehen, dem Plakat und dem Flugblatt. Von ihnen allen, insbesondere von der Presse, pflegt man zu sagen, daß sie die öffentliche Meinung präge, unterrichte, spiegele." Das ist Bonner Barock, ein in den Norden verlegtes Oberammergauer Passionsspieltreiben mit Augstein als Christusdarsteller!

Was geschieht denn mit einer Zeitung wie Die Welt, wenn sie als letzte noch gegen die Meinungsmache des Fernsehens und seiner Intellektuellen etwas einzuwenden wagte? Sie wurde zum Buh-Blatt gemacht, zum Sprachrohr des Faschismus oder was sonst gerade in der Zeit als ‚Jude' gilt. Meine arme Nachbarin, deren Leib- und Magenblatt die Bild Zeitung war, wagt sich dieses Blättchen gar nicht mehr ins Haus bringen zu lassen, kauft es nur noch verschämt und zuweilen, seitdem man ihr einredete, welche Bösewichte diesen Verdummungsfetzen machen. Die sozialistischen Donnergötter mögen sich beruhigen! Sie wählt trotzdem wunschgemäß, meint, was man von ihr an Meinung erwartet; man soll ihr doch in Gottes Namen die Bild Zeitung lassen, ohne die ein solch dummes Gespenst verdrießlich werden muß! Entscheidend bleibt doch, daß sie jeden Abend im Fernsehen das richtige Programm einschaltet. Dort wird ihr die Meinung eingepumpt! Was in der Zeitung steht, wurde für die Meinungsbildung unerheblich, dient nur der Zwischenunterhaltung. Erst für Intellektuelle hat die Presse wieder meinungsbildende Bedeutung, und auch da nur der Spiegel.

Das Fernsehen besitzt viel mehr Ähnlichkeit mit den Salons des achtzehnten Jahrhunderts als mit den Parteizeitungen des neunzehnten. Zeitung kann man lesen, doch zur Unterhaltung war man nie auf sie angewiesen. Dazu fand man genügend andere Möglichkeiten. Anders das Fernsehen und der Salon! Was hätten ein Herr und eine Dame der Gesellschaft mit ihren Abenden anfangen sollen, ohne den Salon? L e s e n ist für die meisten Leute kein Vergnügen, sondern Arbeit. Nur der Kenner zieht das Buch allen anderen Informationsträgern vor, weil man es aus der Hand legen kann, um über das Gelesene nachzudenken, und weil man rasch in einigen anderen Büchern nachschlagen kann, um die Richtigkeit einer Behauptung nachzuprüfen. Anders beim Fernsehen oder gestern beim Kino und beim Salon vor zweihundert Jahren! Da gab es Vorstellungen, die man absitzen mußte, und meist blieb der Kopf so leer wie er war, der einzige Gewinn war der Zeitverlust.

Im selben Augenblick, wo das Fernsehen für den Zeitvertreib unentbehrlich wurde, mußte das Lichtspieltheater als ernstzunehmender Informationsträger sterben. Es sank zur niedersten Trivialunterhaltungsstätte ab oder zum Medium ideologischer Aufgeilung. Das Fernsehen ist weitaus verblödender als es das Kino je werden konnte. Zum einen durch seinen Informationssalat, bei dem auch der Unwissendste und Lernunwilligste täglich durch alle nur denkbaren Wissensgebiete von zum größten Teil für ihn fraglichsten Wert geplagt wird, wobei der unbedarfte Zuschauer immer nur ‚Fortschritt' oder, wie man früher sagte, ‚Bahnhof' versteht. Doch irgendwann behält auch der Trägste seine zwei, drei Sätze, die zu wissen für ihn von Vorteil sind und kann sie dann wie eine Redensart bei jeder Gelegenheit einigermaßen sicher vortragen. Ob das Fernsehen auch bildend wirken kann, ist für uns eine müßige Frage da wir keinen Einfluß auf seine Gestaltung haben. Sicher ist, daß an der Vermittlung von Allgemeinbildung kein ‚öffentliches' Interesse besteht. Man pflegt Kreuzworträtselbildung oder Bildungspudding zur Beförderung einer gut faschierten Meinung zu allem und jedem, ohne noch irgendetwas gründlich zu verstehen, um es objektiv wissen zu können.

Wo Meinung zum Wissen wird, muß Meinungsumfrage zur Wissenschaft werden! Kann man sich etwas Verdrehteres denken als eine Meinungsumfrage — zur Ergründung des Massenwillens? Mich erinnern Meinungsumfragen an Kontrollzahlen bei der elektronischen Datenverarbeitung — nachdem alle Informationen in den Mechanismus eingespeist wurden, von denen man die erwünschten Reaktionen erwarten kann, läßt man zur Kontrolle noch feststellen, ob auch alles wie vorberechnet aufgenommen wurde. Und schon spuckt uns der Apparat ‚seine' Meinung aus, die ja gar nicht anders sein kann als die Informationen, die man hineinfütterte. Weit ergiebiger wäre die Verhaltensforschung! Dann wüßten wir nicht nur, was ‚Meinungen' aus Leuten machen, wir würden auch die Wirkungen erfahren, die von der heutigen Meinungsmache ausgehen.

Denkt man über die verheerenden Folgen nach, die in der meinungsbildenden Industrie von verantwortungslosen Personen ausgehen, erscheint einem die Vorstellung harmloser, jeden hergelaufenen Gelegenheitsarbeiter zum Chirurgen zu machen als ihn Journalist werden zu lassen. Denn ein ungebildeter, verantwortungsloser Stromer als Chirurg kann nur ein paar hundert, wenn's hoch kommt, ein paar tausend Menschen unnötig ins Grab bringen, aber derselbe Stromer im Fernsehen vermag Millionen ins Verderben zu treiben! Ich sehe ganz und gar nicht ein, warum gerade dieser Beruf des Journalisten keine Anforderungen stellen darf, nicht nur in fachlicher, auch in charakterlicher Hinsicht! Eine Zeit ist immer so schlecht wie ihre Journalisten, die bewußt oder unbewußt die Meinung bilden. Nicht was sie s c h r e i b e n, sondern bewirken ist von Bedeutung! Denn was Leute m e i n e n und im Laufe eines Tages nachreden, bleibt Nebensache. Was sie t u n und nicht tun, wie sie sich verhalten, nachdem man sie durch Einfütterung bestimmter ‚Informationen' umgekrempelt hat und sie endlich begriffen haben, daß gute Sitten schlechte Angewohnheiten seien, weil sich jeder ganz von selbst g u t verhalte wenn man ihn nur tun lasse was er möchte — das verhaltensmäßig zu messen wäre allerdings aufschlußreich!

Ebenso wie öffentliche Meinung gemachte Meinung ist, sind auch Moden gemachte Verhaltensweisen. Welch schnurrige Beobachtungen ließen sich in den frühen siebziger Jahren als Folge des modemachenden Fernsehens anstellen! Was für eine Affengesellschaft tanzt da um uns herum, die alles nachahmt war ihr auf der Mattscheibe vorgemacht wird! Wo das Fernsehen in seinen auf Massengeschmack zugeschnittenen Sendungen mit Vorliebe die ausgefallensten Tollhäusler sich darstellen läßt, da gibt es der klinischen Verrücktheit die Manege frei. Weil solche Leute Ansehen genießen, von der Kopfmatte bis zum Steißbein in Großaufnahmen abgedruckt werden und man die ‚Meinungen' dieser synthetischen Personen wie weise Gedanken einer Persönlichkeit kolportiert, darum ahmt man sie nach. Denn die kleinen Leute denken sich dabei — so leicht ist das also, berühmt zu werden?

Sie haben ganz recht, verrückt spielen kann jeder, und wer geschickt ist wirkt sogar echt dabei. Und bald sieht man, millionenfach, dieselben geistlosen Gesichter in den weggebixten Ausdrücken, Gesten und Moden umherstolzieren! Nichts ist da zu verschraubt, als daß es nicht nachgeahmt würde, wenn nur die Meinung umgeht, dadurch ebenso modern zu wirken wie die halb schwachsinnigen Vormacher auf der Unterhaltungsmattscheibe! Am Anfang versuchen nur ein paar Exzentriker, die immer mehr scheinen müssen als sie ihrem Gewicht nach sein können, das

Vorbild zu kopieren. Sobald sich das Affenvolk darüber genügend ausgelassen hat, wie verrückt d i e aussehen, und merken, daß diese unscheinbaren Menschlein gerade dadurch betörend wirken, versuchen sie es auch damit, auf diese mühelose Weise Ansehen zu erlangen. Spätestens, wenn sich der letzte Dorftrottel dem großen Vorbild für öffentliche Selbstdarstellung anpaßt, müssen die anderen auf etwas Neues kommen, um den Fortschritt in der Dummheit in Gang zu halten.

Das aufzuzeigen, was jeder, der Sehen gelernt, um sich her selbst beobachten kann, wäre müßig gewesen, müßte nicht auf die b r e i t e Wirkung des Informationsträgers Fernsehen hingewiesen werden. Denn das sind Wirkungen, die von der Zeitung in diesem Ausmaße niemals ausgehen können. Die Information des Fernsehens beruht gar nicht in der Hauptsache auf Worten, sondern auf Bildern, die einem Gimpel noch einleuchten. ‚S o mußt du dich verhalten, um begehrt zu sein!'

Es war nicht meine Absicht, mich über den Nachahmungstrieb im Menschen spöttisch auszulassen! Diesen Restbestand Natur in uns behält jeder in sich, der eine m e h r , der andere weniger. Diese Nachahmungssucht ist im Grunde das Normale. Wo sich der Geduldige der Menge anpaßt, weil er sich ihr nicht entfremden möchte, da sind es gerade die Exzentriker, die immer wieder neue Moden schaffen, indem sie sich durch bloße Äußerlichkeiten hervortun. Denn zu mehr fühlen sie sich nicht in der Lage. Das Fernsehen überläßt jedoch allzu oft den jeweils schlechtesten Vorbildern das Bild. Anstatt der seelisch ausgeglichenen Persönlichkeit, bevorzugt es den Intellektuellen, der von Aversionen und Effekten lebt und sich für sein zersetzendes Tun niemals verantwortlich fühlt. Unter seinem Einfluß wurde die Programmgestaltung in zunehmendem Maße gemeingefährlich. Denn auf diese Weise wird das Fernsehen zum Brutkasten für törichte Verhaltensweisen und für ein falsches Bewußtsein. Jeder sieht, wie kindisch man sich aufzuführen hat um so zu sein wie E r oder S i e im Fernsehen. Die kleinen Leute lernen rasch! Sie lernen nicht durch Vernunft, sie lernen wie die weißen Mäuse — am Erfolg!

Was sie, die nie einen eigenen Gedanken fassen, es sei denn, er sei ihnen vorgefaßt worden, in den Geruch bringt, ebenso ‚toll' zu sein wie ihr Lieblingsschaumeister, das ahmen sie nach so gut es geht. Obwohl ich seit Jahren kein Fernsehen sehe, weiß ich noch immer was gespielt wird, wenn ich kleine Mädchen und kleine Jungen, kindische Frauen und dumme Männer im Zug oder auf der Straße von einem Tag auf den anderen sich auffallend anders benehmen sehe. Da sieht man auf einem einzigen Weg die verschiedensten Leute dieselben gezierten Schritte machen, dasselbe Gigerlgehabe zeigen, dieselben witzelnden Redensarten gebrauchen und dazu ein Gesicht schneiden, daß einem die Einstudierung auffällt. Dann kann ich mir ungefähr denken, was an I n f o r m a t i o n wieder gelaufen ist. Was könnte das Fernsehen für ein Bildungsinstitut sein, würde es, statt von verantwortungslosen Intellektuellen von Persönlichkeiten gestaltet, die zur Selbstbestätigung nicht der Schaumschlägerei bedürfen!

GEFÜHLE HERRSCHEN ÜBER DIE VERNUNFT

Geschichte kann auf vielerlei Art geschrieben werden, je nachdem, welchem Zweck sie dienen und zu welchem Ergebnis sie kommen soll. Eine Geschichtsschreibung die die Schlagworte einer Zeit außer acht läßt oder, wo sie sie bringt, diesen Schleim als den Ausfluß einer höheren Vernunft darstellt, hinterläßt zumeist eine puppige Geschichte deren Absicht in der allgemeinen Verdummung liegt. Unsere Gegenwart gibt ein Beispiel dafür! Zuerst impft man dem Massenbalg die Schlagworte ein, dann, sobald man sie wie Fürze durch die Lüfte knallen hört, rühmt man ihren feinen Geruch und den überragenden Menschenverstand jener Hintern, die sich zur Verbreitung des Gestanks zur Verfügung stellten.

Eine Geschichte der Schlagworte, das wäre eine Geschichte der ‚öffentlichen Meinung'! Der besondere Wert des Schlagwortes liegt darin, daß es sich, sprachlich fein frisiert, an das Gefühl richtet, nicht an den Verstand. Dadurch können sich unterschiedlichste Leute ein und dasselbe Schlagwort zu eigen machen und sich Grundverschiedenes darunter vorstellen. Ohne daß es auffiele! Ein Schlagwort, das nicht volkstümlich werden kann, ist keins.

Ihm fehlt es an Gemüt, und was schlimmer ist, es setzt womöglich Anforderungen an den Verstand.

Was haben wir schon davon, zu wissen, w a n n die Französische Revolution, unseren kindischen Geschichtsbüchern nach, begann, wo wir nicht zugleich sagen können, warum sie nötig wurde! Denke ich an meinen Geschichtsunterricht und zugleich an den meiner Kinder, so kommt mir der Verdacht, Geschichte wird nicht gelehrt, sonder nach wechselnden Riten zelebriert. Heute rate ich meinen Kindern bereits, was ihr euch zu eurem Geschichtsunterricht denkt, ist Nebensache, Hauptsache, ihr schmiert eurem Lehrer um den Bart was er hören möchte, sonst entwickelt er noch Missionseifer! Wiederholt ihm was er euch sagt, setzt keine zeitlose Vernunft bei ihm voraus, denn er verfügt nur über Zeitgeist, hat alles im kleinen Finger. Und mit dem läßt sich nicht denken, damit kann man nur den Brei der ‚öffentlichen Meinung' zu Schaum schlagen. Was da heute an Geschichte gelehrt wird, darüber darf man gar nicht nachdenken, das kann man nur auswendig lernen und danach wieder vergessen! Ich weiß nicht, ob mir mein Vater dasselbe gesagt hätte, würde ich ihm an den wenigen Tages seines Kriegsurlaubs von den merkwürdig sterilen Wahrheiten meines Geschichtsunterrichts erzählt haben; doch gedacht hätte er es sich sicherlich.

Zu wissen, von wann bis wann jemand ein Kanzlergehalt bezog oder gar noch, wann derselbe geboren, was uns so gleichgültig sein sollte wie seine Schuhgröße, das bedeutet gar nichts! Denn geboren wurde jeder, ob an einem Freitag oder Sonntag dürfte für seine Mutter ohne Schmerzrabatt gewesen sein, und im übrigen ließe sich das Datum im billigsten Konversationslexikon nachschlagen. Es ist sogar meist das einzige, was darin mit Sicherheit stimmt. Wer schon im gleichen Konversationslexikon, sei es Brockhaus oder Meyer, aus verschiedenen Ausgaben über dieselben Personen nachlas, wird wissen was ich meine! Aber die zu einer Amtszeit herrschenden Schlagworte zu kennen und ihrer besseren Herkunft nachzugehen, das wäre für unser Geschichtsverständnis von Bedeutung. Doch dazu werden uns Geschichtslehrer nichts sagen können, weil sie es selbst niemals auswendig lernen mußten. Dazugekommen ist meist nichts; nach dem letzten Examen trat man in den geistigen Ruhestand, um sich als Schirmständer für ‚öffentliche Meinung' gebrauchen zu lassen. Denn von politisch abweichender Meinung befallen zu werden, müßte dem Aufstieg der beruflichen Laufbahn hinderlich sein. Ausnahmen hat es zum Glück immer gegeben. Ich selbst besuchte, allen Klischeevorstellungen zum Trotz, ein Gymnasium dessen leitender Direktor noch 1944 nicht in d e r Partei war. Danach trat er nicht etwa ein, man entließ ihn in Unehren. Eine Ausnahme, gewiß, doch wo findet man heute noch Ausnahmen, wo alles nach dem Parteibuch bestimmt wird? Um so mehr ist es Ehrenaufgabe jedes dankbaren Schülers, solche Ausnahmen zu rühmen.

Das Schlagwort, um darauf zurückzukommen, ist ‚öffentliche Meinung', bei der nicht nur der Gedanke, bei der auch die Wortwahl vorgegeben ist. Viele kommen damit ihr Leben lang aus. Sie leiern ihre Schlagworte herunter wie ein tibetanischer Mönch seine Gebetsmühle zu drehen pflegte.

Der Begriff ‚Schlagwort' kam in der Inkubationszeit zur Französischen Revolution auf, etwa um 1770. Bis dahin behalf man sich mit Sprichwörtern. Auch Sprichwörter sind, wie Herder sagte, der Spiegel der Denkart einer Nation. Die Sprichwortmacher besaßen aber noch Kultur. Sie waren Lyriker, wo der Schlagwortmacher bloß Schlagzeilenbastler ist. Das Sprichwort oder Sprüchwort kam als Begriff um 1540 auf und bezeichnet alles, was oft gesprochen und wiederholt wurde. Was man ‚zu sagen pflegte', das war Sprichwort oder ‚öffentliche Meinung' in Versform. Schon unsere Sagen und Märchen sind im Grunde nichts anderes als erhalten gebliebene ‚öffentliche Meinung' aus einer Zeit, als man seine Meinung umständlich darzulegen pflegte. Man wurde noch nicht pausenlos von ein- und demselben Meinungsmacher berieselt, und man konnte nicht kurzatmig seine Schlagworte um sich werfen, denn das würde ausgesehen haben als spritzten einem die Knöpfe von der Hose. Man mußte sich erst einmal niederlassen, seinen Krug Bier trinken oder sich die Füße anwärmen lassen, um dann allmählich den Mund aufzutun, zu sprechen anzuheben und seine Geschichte in Bildnissen darzustellen — ‚es war einmal'! Wie gern' hörte ich jemand das Märchen erzählen „Es w a r einmal eine ‚öffentliche Meinung"!

Ausgerichtet an einem Geschichtsbild, zu dem die Klischees aus Moskau kamen, drängt man uns zu der Ansicht, daß die Macht der ‚öffentlichen Meinung' eine segensreiche Einrichtung marxistischer Vorväter sei. Das gibt uns eine Vorstellung von der Art, was sie unter Geschichte verstehen! Bei ihnen blieb's bei Parteichronik mit illuminierten Karikaturen, die für realistische Darstellungen genommen werden. Einer der wenigen geistreichen Philosophen unseres Jahrhunderts, Ortega y Gasset, nannte das Gesetz der ‚öffentlichen Meinung' das allgemeine Gravitationsgesetz der politischen Geschichte. Und die begann nicht erst mit Marx oder den Moritzen der Pariser Kommune. Schon die ungeschriebene aber wirksame Verfassung des germanischen Staatswesens baute auf der Anteilnahme des Volkes.

Im Mittelalter war es vor allem die Kirche die öffentliche Meinung machte. Der Kanzel in jedem Dorf hatte der Kaiser nichts Gleichwertiges entgegenzusetzen. Seine Ohnmacht gegenüber der Kirche ist darum verständlich. Weil das Volk noch wußte, daß Freiheit genau der Spielraum ist, den die Teilung der Macht zwischen zwei oder mehr herrschenden Institutionen übrigläßt, wurden immer dann, wenn die Kirche den Kaiser über Gebühr bedrängte, die Spielleute als Meinungsmacher hochbegehrt. Im allgemeinen liebte man sie nicht. Sie trugen Seuchen ein, brachten fremde Sitten mit, stahlen wo sie Gelegenheit dazu kriegten und ihre Moral war im Vergleich zu den Seßhaften allzu leicht, weil sie keiner öffentlichen Aufsicht unterstanden, darum auf niemand Rücksicht zu nehmen brauchten. Waren sie irgendwo u n - t e n d u r c h , zogen sie einfach weiter. Wurden aber die Prediger auf den Kanzeln unausstehlich, dann lockte man die Spielleute herbei und ergötzte sich an ihren Schmähliedern.

Zu wissen, wie ‚öffentliche Meinung' zu allen Zeiten gemacht wurde und von wem, das gäbe uns ein tiefes Geschichtsbewußtsein! Vor neunzig Jahren wurde in Berlin eine interessante Dissertation in Druck gebracht — ‚Das Verhältnis der öffentlichen Meinung zur Wahrheit und Lüge im zehnten, elften und zwölften Jahrhundert'. Dieses Verhältnis war damals dasselbe wie heute. Es änderten sich Mittel und Methoden, an der Sache änderte sich nichts. Man sagte und sagt fast immer die Wahrheit, aber man sagt sie nie ganz, läßt Wichtiges weg und macht Unwichtiges, indem man es hervorkehrt, zur Wichtigkeit. Die wirksamsten Lügen sind entstellte Wahrheiten! Als ewige Schüler der Geschichte sollten wir höllisch aufpassen, sobald ‚öffentliche Meinung' von dem abweicht, was die sichtbar Herrschenden zum Ausdruck bringen möchten. Selten handelt es sich dann um eine verbesserte Denkfähigkeit der Menge, sondern um Absichten versteckter einzelner, die anonym herrschen. Nur zuweilen, wenn das Unrecht der Herrschenden allzu drückend wird, denkt das Volk hörbar.

Welch sonderbare Vorstellung besitzen wir über die Zeit des Dreißigjährigen Krieges! Doch ein Sprichwort, das um 1630 umging, sagt: „Die gemeine Meinung ist Meister". Und Holländer sagten zur gleichen Zeit: „Die Herrschaft der Meinung ist so groß und mächtig, daß sie alles in der Welt regiert und das oberste Gesetz stellt." Wenn es Fachleuten so scheint, als sei erst in und nach dem Dreißigjährigen Krieg die ‚öffentliche Meinung' in Mode gekommen, muß das eine Täuschung sein. Im Dreißigjährigen Krieg gingen unendlich viele Schriftstücke verloren, die uns über die ‚öffentliche Meinung' früherer Zeiten Auskunft hätten geben können. Wer einmal Ahnenforschung betrieb, weiß, welche Lücken da mit einem Mal in den Urkunden auftreten. Ich bin überzeugt, daß die ‚öffentliche Meinung' zu bisher allen Zeiten in Mode war!

Ein Land wie England, das nichts im Dreißigjährigen Krieg verlor, reicht auch in seinen Urkunden zur ‚öffentlichen Meinung' viel weiter zurück. So berichtet William of Malmsbury, ein Geschichtsschreiber, der in den Jahren von 1125 bis 1150 Urkunden sammelte, von einem Bischof des zehnten Jahrhunderts, der, um auf den Stuhl des Erzbischofs von Canterbury zu kommen, sich erweichen ließ, das Mönchskleid anzulegen, weil man ihn nicht gegen die ‚öffentliche Meinung' in das höchste Amt der Kirche von England erheben konnte. Vox populi vox dei! Wie passend dazu die Feststellung des englischen Staatsmannes Sir William Temple, der 1681 feststellte — „Nichts ist so leicht getäuscht und gemeinhin im Irrtum wie die allgemeine Meinung." Jeder in London wußte doch im zehnten Jahrhundert, was jener Bischof für ein unfrommer Mensch war, der da zum Erzbischof von Canterbury gemacht werden sollte! Es genügte, ihn durch eine Mönchskutte zu verkleiden, und jeder hielt ihn für geläutert.

Unwillkürlich denkt man dabei an die Flickschusterei in den frühen sechziger Jahren durch Spezialisten der Öffentlichkeitsmache, die einen Willy Brandt durch äußere Verkleidung und Rosenwassertricks zum Engel machten. Das Bemühen wurde damals gar nicht einmal geheimgehalten, sondern in der Presse in aller Ausführlichkeit geschildert. Das erhöhte nur die Wirkung. Man hänge vor eine Wand ein Schild mit der Aufschrift ‚Vorsicht frisch gestrichen!' und jeder eilt hin, sie zu befühlen! Nicht was einem mitgeteilt wird interessiert, sondern was einem verheimlicht werden soll.

Es müßte uns stören, wenn in unserer Zeit die ‚öffentliche Meinung' wie ein göttliches Wesen beweihräuchert wird, daß man ihr ständig die Vernunft als Schlachtopfer darbringt, wo es doch richtig wäre, die Meinung der V e r n u n f t zu opfern. Gleichzeitig möchte man aber weder Herkunft noch geschichtliche Auswirkungen von Schlagworten kennenlernen! Es muß d a r a n liegen, daß nichts als die Bindestriche in den heutigen Geschichtsbüchern stehen bleiben könnten, wenn wir uns ernsthaft mit der ‚öffentlichen Meinung' befaßten, statt sie nur anzuhimmeln.

Der Wiener Geschichtsprofessor Wilhelm Bauer stellte in seiner Studie über die ‚öffentliche Meinung und ihre geschichtlichen Grundlagen' fest: „Wenn man heutzutage auch schlagend nachweisen kann, daß es zu Beginn des sechzehnten Jahrhunderts mit dem Bauernstande wirtschaftlich gar nicht so schlecht stand wie seine Parteigänger die Verhältnisse schilderten, die Bauern selbst empfanden ihre Lage als unleidlich und die furchtbaren Aufstände, die sie anzettelten, die Forderungen, die sie aufstellten, gaben Zeugnis von dem schweren Druck, der mindestens in ihrer Einbildung auf ihnen lastete. Mag man haarklein nachrechnen können, daß das Monopolienwesen und das Großkapitalistentum der Fugger und Welser einen wirtschaftlichen Fortschritt bedeuteten und auf die Steigerung der Getreidepreise keinen Einfluß hatten; die Zeitgenossen Luthers und die ganze öffentliche Meinung standen damals unter dem Eindruck, daß die ökonomischen Übel jener Tage vom räuberischen Wucher der großen Handelsgesellschaften herrührten."

Wie gut wir diesen Widerspruch von Tatsache und ‚öffentlicher Meinung' aus unserer Zeit heraus begreifen können! Der eigentliche Herrscher der damaligen Zeit war eben nicht der Kaiser und die auf seiner Seite stehenden Großbürger Fugger und Welser, sondern jene deutschen Fürsten, die sich von Kaiser und Papst unabhängig machen wollten und ihre Karte auf einen Mönch setzten. Luther half jene ‚öffentliche Meinung' machen, daß es den Bauern schlecht gehe. Sobald er sein eigenes Ziel erreichte, die Bauern aber bei i h r e n Forderungen blieben, wandte er sich gegen sie und ließ sie wie Flöhe zu Zigtausenden knacken. So wichtig ist es also nicht zu wissen, von wann bis wann Maximilian der Erste und Karl der Fünfte dem Namen nach Kaiser waren; wichtiger wäre zu wissen, von wann bis wann sie tatsächlich herrschten!

Oder, um es in die uns verständlichere Gegenwart zu rücken, glaubt jemand im Ernst, Konrad Adenauer habe vom 15. September 1949 bis zum 15. Oktober 1963 die Politik in Deutschland bestimmt, nur weil er zu dieser Zeit Bundeskanzler war? Im ersten Jahr hatte er nur wenig zu bestimmen und in den letzten Jahren noch viel weniger. Warum nennen unsere Geschichtsbücher niemals jene Dunkelmänner, die zu bestimmten Zeiten die tatsächliche Macht ausübten, ohne dazu berufen zu sein! Welcher Unfug wird uns seit Jahren eingeredet und machte ‚öffentliche Meinung', obwohl ihr Wille im Gegensatz zum Willen desjenigen stand, der dazu erwählt worden war, die Richtlinien der Politik zu bestimmen! Und wir sind fast schon wieder ‚überzeugt', daß nicht der Arbeiter in Mitteldeutschland, sondern der in Westdeutschland am rücksichtslosesten ausgebeutet wird. Nichts ist zu dumm, als daß es nicht ‚öffentliche Meinung' werden könnte!

Wie leicht ließe sich nachweisen, daß die Herrschaft Ludwig des Fünfzehnten oder gar Ludwig des Sechzehnten, gemessen an dem was unter dem Ruf nach F r e i h e i t mit den Jakobinern kam, einer gütigen Volkswohlfahrt glich! Doch wer nimmt schon einen Beweis für etwas, das er nicht nachgewiesen sehen möchte? Ludwig der Fünfzehnte weigerte sich, seinen Sohn mit der Infantin Antonie zu vermählen, die die Schwester der verstorbenen Gattin des Dauphin war. Er begründete seine Ablehnung damit, daß es das sittliche Empfinden des Volkes nicht dulde, wenn der Thronerbe seine Schwägerin heirate. Es gibt genügend Beweise, in welchem Ausmaße der König von Frankreich und sein Minister in vielen wichtigen Entscheidungen die ‚öffentliche Meinung' berücksichtigten, die sich nicht mehr am Willen des Königs ausrichtete. Und fünf Jahre vor der Revolution schrieb der untertänigste Diener der ‚öffentlichen Meinung', der Staatsminister Necker: „Die meisten Ausländer können sich kaum einen Begriff machen von der Autorität, die die ‚öffentliche Meinung' jetzt in Frankreich genießt! Sie verstehen schwer wie es möglich ist, daß sich diese unsichtbare Macht selbst bis in den Palast des Königs erstrecken kann." Warum dann Revolution? Weil sie immer die Folge der Schwäche des Herrschenden ist!

Forderungen, die billig erfüllt werden, befriedigen nichts, sie erhöhen nur die Lust, sich in seinen Forderungen zu steigern. Wie begeistert fühlten sich die Deutschen als sie von der Revolution in Frankreich hörten! Wie ernüchterten sie, sobald sie ihre Auswirkungen erlebten! Sie reisten als Revolutionäre nach Paris und kehrten als Gegner der Revolution zurück. Sogar ein Schwärmer wie Georg Forster bekannte kopfhängend: „Aus der Ferne sieht alles anders aus als man's in der näheren Besichtigung findet!" Schon Voltaire, der den eigentlichen Umsturz nicht mehr erlebte, aber die Auswirkungen der vorrevolutionären Entwicklung deutlich erlebte, verglich die Öffentlichkeit 1758 in einem Brief an Madame Graftigny mit einem stürmisch aufbrausenden Meer, das einen mal willig in den Hafen geleite, mal einen wie wildgeworden gegen die Klippen werfe. So gesehen gleiche die Öffentlichkeit einer Masse, die heute dem ein Denkmal setze, den sie morgen köpfe, die morgens hosianna rufe und abends ‚kreuzigt ihn!' Daß er selbst an dieser schlimmen Entwicklung eine Hauptschuld trug, erkannte er nicht; doch die Nutznießer des herbeigeführten Wahnsinns ließen in derselben Nacht, als sie auf dem Marsfeld sechstausend Menschen hinmordeten, für ihn am laufenden Band Totenmessen lesen.

Schiller, zunächst ein begeisterter Zuschauer der Revolution, sagte traurig zu ihrem Ergebnis: „Jeder, siehst du ihn einzeln, ist leidlich klug und verständig. Sind sie in corpore, gleich wird dir ein Dummkopf daraus!" Und Goethe, der sich schaudernd abwandte von der Masse an tauben Schlagworten mit denen die Französische Revolution Europa überschwemmte, schrieb: „Nichts ist widerwärtiger als die Majorität. Denn sie besteht aus wenigen Vorgängern, aus Schelmen die sich akkommodieren, aus Schwachen, die sich assimilieren und der Masse die nachrollt, ohne nur im mindesten zu wissen was sie will." Schopenhauer, der im selben Jahr promovierte als sich Europa gegen Napoleon, den Erben der Revolution und Erfinder der ersten Konzentrationslager, erhob, kam damals zu der Einsicht: „Das Haupthindernis der Fortschritte des Menschengeschlechtes ist, daß die Leute nicht auf die hören wollen welche am gescheitesten sind, sondern auf die, die am lautesten reden!"

Die Geschichte der Schlagworte oder die Geschichte der öffentlichen Meinung müßte, würde sie eines Tages in Ursache und Wirkung geschrieben, Widersprüche in unseren Geschichtsbüchern aufdecken, daß man sie auf weite Strecken hin neu zu schreiben hätte. Wir schleppen uns mit ebenso vielen zweckgebundenen Anekdoten ab wie der historische Bildersaal des achtzehnten Jahrhunderts mit Allegorien. Es gibt zu viele zweifelhafte Geschichtchen in unserer Geschichte, heute mehr denn je! Was da F r e i h e i t heißt, unter derem Ruf 1791 die Monarchie in Frankreich abgeschafft und der König und seine Familie vom aufgehetzten Pöbel auf offener Straße angefallen wurde, sagt uns doch am besten das Gesetz, das kurz danach, im März 1793, erlassen wurde. Es bedrohte jeden, der Schriften verfasse oder drucke, die eine Wiederherstellung des Königtums vorschlagen, mit der Todesstrafe. Es gibt keine Verbrechen und Wahnvorstellungen, zu denen man die Masse mit dem Mittel der ‚öffentlichen Meinung' nicht bringen könnte! Die Schuld trifft nicht die verführte Masse, sondern jene, die sie verführten. Denn mit derselben Leidenschaft, mit der sich die vermaßte Menge für die Durchführung eines Verbrechens einsetzt, im Glauben, damit der Gerechtigkeit zu dienen, vermag sich die Menge auch, von verantwortungsbewußten Persönlichkeiten geführt, für das Gute einzusetzen. Dann tritt sie uns, wie Wilhelm Bauer aus hervorragenden Beispielen der Geschichte nachwies, in ehrenvoller Opferbereitschaft, in alles beherrschendem Mut und in schwungvoller Begeisterung für die gute Tat entgegen.

Mit Vernunft läßt sich jedoch immer nur der einzelne ansprechen, die Menge spricht auf Vernunft gar nicht an, sie will, daß man ihre Einbildungskraft anspricht und sie dadurch führt. In der Französischen Revolution wurde sie nur verrückt gemacht, blieb sich dann selbst überlassen und benahm sich wie verrückt. Erst Napoleon gab ihrem unbestimmten Wollen und Drängen ein Ziel, und die Masse folgte ihm hündisch bis hinein ins brennende Moskau. Als ihn der Erfolg verließ, verließ ihn auch die Masse.

Ein Instinkt, der besonders in der Masse wach bleibt, ist das Gespür für politische Konjunktur! Durch alle Nebel ihrer eigenen Überspanntheit wittert sie noch, wie sie ankommt, welchen Eindruck sie auf Außenstehende hinterläßt. Man schreibe einmal die Geschichte Hitlers so wie man sie schreiben muß, damit er endlich sterben kann! Denn wie sie bisher dargestellt wurde, kann sie unmöglich gewesen sein, dafür ist diese kurze Zeit der nationalsozialistischen Herrschaft, wie Professor Rubin es einmal ausdrückte, viel zu effektiv gewesen. Die jahrzehntelangen Haßtiraden auf die tote Hitler-Bewegung hinterließen nichts, was einen Freund der Geschichte befriedigen könnte. Sie lassen jedoch eine schlimme Unsicherheit vermuten, deren Ursache ein schlechtes Gewissen oder der gänzliche Mangel an Persönlichkeit sein muß. Man greife stattdessen die Lieblingsvorstellungen der Zeit an, um ihnen die Wasserköpfigkeit zu nehmen! Nicht nur was ich vernichten, auch was ich wiederherstellen will, greife ich an, und wenn es überhaupt noch lebensfähig ist, wird es daran genesen. Nur über jene Feinde, denen ich mich nicht gewachsen fühle, weil ihre Ideen der Masse allzu süffig eingehen, darüber schweige ich.

Was verdammte die katholische Kirche in den ersten fünf Jahren der nationalsozialistischen Herrschaft zur Ohnmacht? Daß Hitler bestimmte, keine öffentliche Kritik an der Kirche zu dulden! Was verurteilt dieselbe Kirche in den siebziger Jahren zur Ohnmacht? Daß die Sozialdemokraten sie durch Teilnahmslosigkeit vernichten! Verfolgt sie wie in Rußland wenn sie schwach geworden ist, greift sie von außen an wenn ihr sie wiederaufbauen wollt, statt daß ihr sie durch intellektuelle Jungtheologen und alte ordinierte Esel von innen abtragen laßt! Ein einziger scharfer Angriff von außen und ihr führt den auseinandergelaufenen Haufe K i r c h e zur inneren Geschlossenheit zurück! Ihr Lebenswille tritt dann wieder zutage.

Worunter leiden die Nationalkonservativen in Deutschland, Frankreich, England und Italien? Daß man sie totschweigt, so tut, als gäbe es sie gar nicht mehr, oder wenn, so nur in der Entartungserscheinung des Faschismus, womöglich vertreten durch eine winzige Schar Anlageverbrecher! Und was könnte den Nationalsozialismus oder Faschismus in Europa wieder zum Leben bringen? Daß man ihn, statt ihn zielsicher anzugreifen, zum leibhaftigen Gottseibeiuns machte! Dies in Gegenwart und mit Hilfe einer imperialistischen Sowjetunion, die, wenn am Ende keine andere Wahl bliebe, dem Nationalsozialismus, sogar einer schlechteren Neuauflage, vom gebrannten Volk nicht vorgezogen würde! Warum spricht denn niemand mehr über die endlosen Verbrechen in den sowjetisch beherrschten Ländern? Warum müssen wir uns mit dem Unrecht in den entferntesten Drecklöchern der Welt befassen und gleichzeitig über die Verbrechen, die mitten in unserem Land geschehen, schweigen, so tun, als gäbe es sie nicht, als könne man sie nicht beweisen? Die ‚öffentliche Meinung' hat eine Schwester, die noch schlimmer als sie selbst ist, das ‚öffentliche Schweigen'! Dieses öffentliche Schweigen ist eine inszeniert gehegte allgemeine Gleichgültigkeit, anstelle der inszenierten ‚öffentlichen Erregung' durch zielgesteuerte Nachrichten über Verbrechen und angebliche Verbrechen die irgendwo weitweg geschehen, um die nächstliegende, die eigentliche Gefahr zu überdecken. Dadurch, daß ein böser Zweck damit verbunden wird, wird auch die Wahrheit zur Lüge, weil sie nur der kleinere Teil der Wahrheit ist und nicht die ganze Wahrheit sein kann.

Warum interessiert es niemand zu erfahren, daß die abscheulichen, triefend nassen Gefängnisgewölbe der Bastille schon seit Jahrzehnten nicht mehr in Gebrauch waren als diese Festung erstürmt wurde? Warum werden den Hilfsschülern der Geschichte eiserne Käfige, Torturwerkzeuge, unterirdische Kerkerzellen, schreckliche Höhlen mit Kröten, Eidechsen, ungeheuren Ratten und Spinnen und als einziges Möbel ein riesiger Stein, kärglich von verrottetem Stroh bedeckt und umgeben von verpesteter Luft vorgeführt, wo sich nachweisen ließe, daß die Gefangenen des Königs keine bürgerliche, sondern eine fürstliche Bewirtung bekamen, daß die Armen unter ihnen Pensionen bezogen, mit Pelzen und Seidenkleidern ausgestattet wurden und daß sie, wenn ihre Unschuld nachgewiesen wurde, eine hohe Entschädigung ausgezahlt erhielten oder eine Rente auf Lebenszeit! Das will darum niemand wissen, weil es die Klischeevorstellung der ‚öffentlichen Meinung', an denen es ein mächtiges Interesse geben muß, zerstören würde. Und wieviele Fragezeichen müßten jedem, der sich mit Neuer Geschichte befaßt, beim Stichwort ‚Nationalsozialismus' auftauchen! Mir graut vor dem Tag, wo aus diesen Lügen keine Wahrheit sondern wirksam Gegenlügen werden! Das Sprichwort, ‚wer einmal lügt, dem glaubt man nicht und wenn er auch die Wahrheit spricht' ist doch eine bittere geschichtliche Erfahrung die man in unserem Volke sammeln kann, warum müssen wir immer wieder in denselben Fehler verfallen!

Wenn wir uns unentwegt mit den paar tausend verbliebenen politischen Gefangenen in Griechenland befassen müssen, aber mit der Million politischer Gefangener in der Sowjetunion nur ganz beiläufig oder am besten gar nicht, obwohl deren Lage weitaus mißlicher ist, dann hat unsere Moral einen Knick, dann stimmt mit uns etwas nicht! Es kann nur einen Grund für diese

Geistesverwirrung eines ganzen Volkes geben — der Wille des Sowjetimperialismus, von seinen Verbrechen abzulenken! Er findet außerhalb seines Machtbereichs genügend nützliche Idioten, die ihm in dieser Absicht ehrenamtliche Dienste leisten. Je bewegter die Zeit, desto verlogener sind zumeist ihre erklärten Ziele! Man sammelt Steine, erklärt sie für Brot und stampft dabei auf den Äckern das Getreide zu Boden.

VON DER UNSCHULDIGEN ZUR SCHULDIGEN MEINUNG

„Die Meinung ist ein unschuldig Ding", schrieb Leopold Ranke. „Man kann sogar ohne sie gar nicht leben. Verderblich aber wird sie, wenn sie sich für Wissenschaft hält; verderblich dadurch, daß sie uns abhält, nach etwas Höherem zu streben, daß sie also uns, zu Wissenschaft zu gelangen, verhindert. Verderblich noch mehr dadurch, daß sie nicht nur dem Meinenden schadet, sondern ihre Halbklugheit auch anderen aufdrängen will und dadurch den Staat verwirrt. Das Mittel gegen diese Krankheit hat schon Sokrates angegeben; man muß den Meinenden von dem Dünkel seiner Vielwisserei dadurch heilen, daß man ihm seine Unwissenheit zeigt; man muß ihn zur Bescheidenheit zurückführen." Dies in eine Zeit gesprochen, die in Deutschland noch reich an Persönlichkeiten war, läßt uns erkennen, in welchen Schlamm menschlicher Minderwertigkeiten wir geraten sind, daß man heute Halbklugheit für das erstrebenswerte Ideal und die humanistische Bildung, etwa eines Leopold Ranke, dieses vortrefflichsten Geschichtsschreibers deutscher Sprache, für wertlos hält! Wie konnte es überhaupt dazu kommen, daß eine unschuldige, weil für das Wissen über die Dinge unerhebliche Meinung, zur schuldigen Meinung wurde, schuldig durch ihre Gewalttätigkeit gegenüber dem Wissen?

Leopold Ranke wurde 1795 zu Wiehe in Thüringen geboren. Schon in den ausgehenden zwanziger Jahren des neunzehnten Jahrhunderts erwarb er sich einen Namen durch den Grundsatz seiner historischen Methode, wonach aller Wert historischer Studien in der Auffindung und Benutzung der echten Quellenwerke und in der Feststellung von Tatsachen des jeweiligen Zeitabschnitts der Geschichte liege. Das galt bis dahin nicht für selbstverständlich. Man betrieb neuere Geschichte etwa so wie heute, wo man das auffand was man finden wollte, sich also ein Wunschbild baute und danach den einen im wesentlichen vom anderen abschreiben ließ, was an zweckgebundenen Versionen und Aversionen im Umlauf gebracht worden war. Besonders unterhaltend wirkt dann immer derjenige, der die Schiefheit des Geschichtsbildes noch um einige Grade schiefer bringt.

Der Grund, warum sich Rankes Gedanken nicht durchsetzten und die Überbewertung der Meinung schon wiedereinsetzte, nachdem sie gerade erst angefochten werden konnte, liegt in einem entscheidenden Denkfehler der Liberalen begründet. Die Liberalen, erst recht die 1848 aus ihnen hervorgegangenen Demokraten, gingen von der Annahme aus, daß die ‚öffentliche Meinung' die Herrschenden beaufsichtigen und zügeln könne. Die Unhaltbarkeit dieser Annahme wird nicht mehr bestritten, was man unseren Soziologen hoch anrechnen muß, weil den Liberalen und Demokraten noch immer an der Aufrechterhaltung dieser Fehlannahme liegt. Zu erwarten, daß sie die ‚öffentliche Meinung' als das geistige Hurenkind anonym Herrschender sichtbar machen, hieße, sie überschätzen. Sie kennen die Grenze, die man nicht überschreiten darf wenn man nicht in Ungnade fallen möchte. Wer in Wissenschaft und Kunst Erfolg haben will, muß ein g e r n g e s e h e n e r Mensch bleiben wollen!

Eines Tages wird ein vorwitziger Schelm vielleicht doch den Nachweis erbringen, wie barsch die ‚öffentliche Meinung' jedem Andersdenkenden über den Mund fährt und wie verschroben im Grunde die Vermutung ist, daß die zur Weltanschauung gewordene Absicht der tatsächlich Herrschenden dieselben kontrollieren und Grenzen setzen könne, wo sie doch nur das Einschläferungsmittel gibt, das die empfindsame Menge zur empfindungslosen Masse betäubt! Wenn dann eines Tages der Waschküchendunst verfliegt, den die ‚öffentliche Meinung' ausgeschwitzt, dann blicken sich die Leute betroffen an und können nicht begreifen, wie sie solche Meinungen herumtragen konnten.

Solange man sich noch nicht von dem schiefen Begriff zu trennen wagt aus Furcht, daß dann ein Sandberg seine Spitze verliert, muß man dies falsche Schmuckstück ständig mit scheinwissenschaftlichen Behauptungen umspinnen. Nur kann es uns dann damit ebenso ergehen wie mit der Demokratie, bei der uns heute ihre unwürdigsten Vertreter, die Kommunisten, vorrechnen, daß sie Herrschaft d u r c h das Volk, und nicht, wie im Westen verstanden, f ü r das Volk bedeute. Ein Nachteil u n s e r e r Demokratie gegenüber der Volksdemokratie liegt darin, daß bei uns, weil niemand die Meinungsmacher ausfindig machen kann, jeder die ‚öffentliche Meinung' für eine f r e i e Meinung hält, die sie nicht ist, wo in der Volksdemokratie jeder weiß, daß es d i e Partei ist und somit die in ihr herrschenden Männer, die darin ihren politischen Willen zum Ausdruck bringen. Abweichende Meinungen dulden beide nicht, nur bestraft sie der eine mit Gefängnis, der andere mit Verachtung oder Gelächter.

Diese Ahnungslosigkeit des westlichen Durchschnittsbürgers über eine solch entscheidende Frage wie die der Machtausübung, sollte man nicht idealisieren, sondern bloßstellen, weil wir sonst der Dialektik des Sowjetimperialismus nicht gewachsen sind. Es wäre borniert, diese sichtbare Gefahr herunterzuspielen und so zu tun, als setze sich die Wahrheit und das Gute von selber durch. Dafür gibt es keine historische Erfahrung, wohl ließe sich das Gegenteil leicht nachweisen. Und überhaupt läßt sich auf einem Fehlbegriff kein überzeugendes Selbstverständnis gründen!

Wo Soziologen heute versuchen, den entscheidenden Fehler der frühen Liberalen damit zu entschuldigen, daß damals die empirische Forschung der Soziologie eben noch nicht so weit gewesen sei um die Annahme als falsch zu erkennen, daß ‚öffentliche Meinung' Machtkontrolle ausüben könne, so ist das auch nicht richtig. Man wußte zu jener Zeit aus Erfahrung, war auch noch gewohnt, Erfahrungen zu nutzen, daß die ‚öffentliche Meinung' nicht das sein kann, was Ideologen seit der Französischen Revolution immer wieder aus diesem Begriff zu machen versuchen. Als 1789 in der Pariser Nationalversammlung das Einspruchsrecht des Königs besprochen wurde, begründeten die Revolutionäre ihre Forderung nach seiner Abschaffung damit, daß die ‚öffentliche Meinung' ungenügenden Schutz biete, um einen Mißbrauch des königlichen Einspruchs zu verhüten. Die Befürchtung lag nahe, daß der König, nachdem er durch die Revolution alle Macht verloren hatte und die Revolutionäre sich selbstherrlich aufzuspielen begannen, beim Volk wieder soweit in Ansehen komme, daß er schließlich gar zu seinen Gunsten ‚öffentliche Meinung' mache. Denn was schwach ist oder sich so gibt, vermag am leichtesten das Vertrauen im Volke zu wecken, vorausgesetzt, daß die herrschende Klasse dies zuläßt. Wer ‚öffentliche Meinung' machen will, muß entweder wie ein edler Übermensch oder wie ein leidender und mitleidender Knecht daher kommen, dem durch einen Mächtigen Unrecht geschieht.

Das Bewußtsein oder doch die Ahnung, betrogen zu werden, sitzt der Masse tief in der Haut, wohingegen die Vorstellung, selbst herrschen zu können, nur in Stunden des Aufruhrs schillernd aufkommt, ohne jemals feste Gestalt anzunehmen. Zutiefst ahnt der sprichwörtlich gewordene k l e i n e Mann, auf ewig der Betrogene zu bleiben. Doch böse Ahnungen verdrängt man gern; darum kann wider besseren Wissens die Annahme aufrecht erhalten bleiben, daß es eine einheitliche Meinung der Öffentlichkeit gebe, das, was wir die ‚öffentliche Meinung' nennen. Rührend bemüht, diese Totgeburt an Begriff wie eine Wachspuppe am Leben zu erhalten, zeigen sich auch die Meinungsmacher, ebenso wie jene, die Meinungen nicht bewußt machen, aber den Fußstapfen eines jeden Trends nachzockeln und dadurch zu Meinungsträgern werden. Manche von denen sind innerlich derart schlapp, daß sie diese Fiktion für sich brauchen; sie könnten den Gedanken nicht ertragen, eine eigene Meinung öffentlich zu vertreten; sie müssen sich einreden, die ‚öffentliche Meinung' vorzutragen, für die man sie persönlich nicht verantwortlich machen dürfe.

Die Psychologie unserer Tage rang sich immerhin zu einer bemerkenswerten Feststellung durch, anerkennenswert darum, weil sie unzeitgemäß kommt — „Die auf eine größere Gruppe von überragendem Einfluß sich verteilende Meinung wird als ö f f e n t l i c h bezeichnet, weil der einzelne Meinungsträger eine ungefähre, unter Umständen auch falsche Vorstellung davon besitzt, wie die von ihm vertretene Anschauung zu der anderer Personen steht. Nichtöffentliche Meinungen hegen wir bei Fragen und Behauptungen, die für uns zwar persönlich belangvoll sind, für d i e kein öffentliches Interesse besteht. Private Meinungen beziehen sich zwar meist auf Gegenstände der ‚öffentlichen Meinung', jedoch wünscht der Meinungsträger in diesem Falle nicht, sich mit seiner Anschauung genau festzulegen." Aus dieser wissenschaftlich, das heißt, gnügend steril gewählten Formulierung, auf die sich niemand festzulegen braucht, erkennt man, wenn's beliebt, den schlimmen Gegensatz zwischen freier oder privater Meinung und öffentlicher Meinung. Denn wo die freie, eigene Meinung nur eine Frage aufwirft und einen zweiten Gedanken anbieten will, da übt die ‚öffentliche Meinung' den ganzen Terror der Besserwisserei aus — s o ist es, und wer etwas anderes beweisen will macht sich lächerlich!

Wie schade, daß Wissenschaftler nur noch in der Ausnahme Kämpfer für die Wahrheit — nicht ihrer M e i n u n g , sondern ihres W i s s e n s sind! Sie vertrauen darauf, daß sich nachweisbares Wissen nicht durch Kampf zu behaupten braucht, sondern sich durch sich selbst behauptet. Nichts ließe sich aus der geschichtlichen Erfahrung leichter widerlegen! Darum sind Wissenschaftler selten gute Satiriker oder Verfasser zündender Streitschriften. Ihnen geht es niemals darum, ihr Wissen zur Wirkung zu bringen, sondern unter allen Umständen für wissenschaftlich zu gelten. Und das heißt auf gut Deutsch, von den Eingeweihten verstanden zu werden, Ausdrucksweise und Schneckengang im fachlichen Denken in die Einheitsform der Zeit einzulegen. Man denke an die Verfolgungen, die sich Oswald Spengler unter Fachkollegen und solchen, die sich dafür hielten, zuzog! Meine Sammlung an Gegenschriften zu Spengler ist weit umfangreicher als dessen Gesamtwerk. Er hatte sich unterstanden, Deutsch zu schreiben, anstatt die farblosen Gipsabdrücke des Gelehrtendeutsch zu gebrauchen, war aus dem abgestandenen Mief der Fachgaloschen ausgetreten!

Zu fast allen Zeiten, in denen die Meinung der sichtbar Herrschenden von der der ‚öffentlichen Meinung' abwich, die Gewalten sich also teilten, hat die freie Meinung, wo nicht geschrien so doch flüsternd Einfluß nehmen können. Zur Ohnmacht verdammt werden Vernunft und freie Meinung, sobald die ‚öffentliche Meinung' und mit ihr die anonymen Kräfte zur absoluten Herrschaft gelangten, wie dies in unseren Tagen der Fall ist, aber auch schon zu anderen Zeiten beobachtet werden konnte in denen Intellektuelle den Ton angaben. Man stecke seine Nase in die gesellschaftliche Verfallszeit von 1825 bis 1850 oder von 1890 bis 1913 oder in die kurze Wohlstandszeit der zwanziger Jahre! Aus dem tiefen, demütigenden Erlebnis einer solchen gesellschaftlichen Auflösungserscheinung heraus, schrieb Goethe 1830: „Was ist das für eine Zeit, in der man die Begrabenen beneiden muß!" Als er zwei Jahre später starb, brachte die damals meistgelesene Allgemeine Zeitung auf der letzten Seite sieben Zeilen darüber.

Jedes Geschichtsbild, das sich nicht wie bei Leopold Ranke an den Quellen und nachweisbaren Tatsachen ausrichtet, ist bloß ein Zuckerbäckerhaus, das solange gebraucht wird wie die Absicht ihrer zweckgebundenen Aussagen. Ändert sich die ‚öffentliche Meinung', was nicht Ursache, sondern schon Wirkung der tatsächlich eingetretenen Veränderung in den Machtverhältnissen ist, knuspert man ein Lebkuchenherz nach dem anderen aus dem putzigen Häuslein heraus und klebt und überzuckert neuen Keks für eine andere Puppenwelt daran. Und weil sowieso das meiste übersüßt ist, schmeckt die Menge keinen Unterschied. Darum schrieb Spengler, dem man manches aber keine Blümchensprecherei nachsagen kann: „Die Wirkung einer Wahrheit ist immer ganz anders als ihre Tendenz. In der Tatsachenwelt sind Wahrheiten nur Mittel, insofern sie die Geister beherrschen und damit die Handlungen bestimmen, nicht ob sie tief, richtig oder auch nur logisch sind, sondern ob sie wirksam sind entscheidet über ihren geschichtlichen Rang. Ob man sie mißversteht oder überhaupt nicht verstehen kann, ist vollkommen gleichgültig. Das liegt in der Bezeichnung Schlagwort."

Neben dieser klaren Sprache eines Gelehrten von hoher Allgemeinbildung steht das Gelehrtendeutsch immer etwas schwächlich. Gerhard Schmidtchen, der als Schweizer unter den heutigen deutschen Soziologen gewiß nicht die blasseste Sprache spricht, sagt zum selben Gegenstand: „ — als ‚öffentliche Meinung' lassen sich Prozesse bezeichnen, die historisch zum Entstehen und zum Verschwinden gebracht werden können. Es geht dabei nicht um die Beobachtung, daß die Themen der öffentlichen Meinung wechseln, sondern von gesellschaftlichen und politischen Veränderungen ihre gesamte Gestalt betroffen wird." Für den Eingeweihten nach Bedarf ebenso nichtssagend wie vielsagend. Man kann das, was gesagt werden soll, übergehen, man kann es auch unter der Käseglocke wegstibitzen und zu Ende denken. Für den kleinen Bauer auf der Straße bleibt solche eingestampfte Sprache ein ungesüßter, fader Haferschleim. Darum bekommt er sein Wissen über diese Dinge erst aus zweiter und dritter Hand, das dann längst kein Wissen mehr ist, zermanscht zur Meinung und mit gespenstigen Speckstücken durchsetzt. Welch undemokratische Gesinnung, Ihr Gelehrten, rituellen Sprachsalat zu bieten, der nur für Logenbrüder zugerichtet ist, in dem die Stelzworte wie zur rituellen Handlung dienen, bei der man mit Fremdwörtern hantiert wie ein Generaldirektor bei der Grundsteinlegung mit der Kelle! Eine wahrhaft bürgerliche Gesellschaft, die nicht nur einen demokratischen Bauch, die eine freiheitliche Gesinnung hat, müßte sich solchen Humbug verbitten!

Die Freiheit, eine freie Meinung zu haben, muß mehr sein als eine künstliche Blume, die, von Juristen gebastelt, auf dem Gesetzbuch liegt. Ob uns das Grundgesetz das Recht einräumt, eine eigene Meinung in Wort, Schrift und Bild frei zu äußern und zu verbreiten, ist unerheblich, kann sogar irreführend wirken wenn dadurch dem einzelnen Sicherheit vorgegaukelt wird die nicht besteht. Denn allein die ‚öffentliche Meinung' bestimmt, wieweit eine freie Meinung von ihr abweichen darf. Wird ‚öffentliche Meinung' unduldsam, finden Staatsanwalt und Richter genügend Paragraphen im Strafgesetzbuch und Grundgesetz, die das vorhergewährte Recht für nicht beanspruchbar erklären.

In unserem Grundgesetz stecken soviele verschwommene und darum beliebig auslegbare Begriffe, daß man schon blindgläubig sein muß, darin irgendeine Sicherheit für bürgerliche Freiheit und bürgerliches Recht zu sehen. Wir haben nicht die freieste, wir haben die unklarste Verfassung die es gibt! Jeder kann sich darunter vorstellen was ihm beliebt, solange er es nicht darauf ankommen läßt, die Tragfähigkeit dieser dünnen Rechtsdecke auszuprobieren! Die ‚öffentliche Meinung' bestimmt, wann der Artikel 5 des Grundgesetzes durch den Artikel 18 wieder aufgehoben wird. Und der Artikel 20 ist nicht das Papier wert, auf dem er steht! Denn das darin g e w ä h r t e Widerstandsrecht kann nur im Sinne der ‚öffentlichen Meinung' gebraucht werden, also nur das Gegenteil von dem bewirken für das es gedacht war. Wenn Kommunisten erklären, sie seien maßgeblich an der Grundgesetzgebung der Bundesrepublik Deutschland beteiligt gewesen, so mögen sie darin recht haben. Sie sind zumindest die geschickteren Mitspieler gewesen, stets an wohldurchdachte Weisungen gebunden.

Das Grundgesetz wie jedes andere Gesetz hilft immer nur denen, die sich im Sinne der ‚öffentlichen Meinung' gegen das arme Fürzlein auflehnen wollen, das mit der Amtskette des sichtbar Herrschenden geschmückt ist; doch die Macht dazu kann diese Puppe nur mimen und zuletzt vermag sie nicht einmal sich selbst, geschweige anderen zu helfen. Die Freiheit der Meinungsäußerung läßt sich nur solange gewähren, wie die Macht der ‚öffentlichen Meinung' überhaupt noch teilbar bleibt. Allein die charakterfeste Persönlichkeit beschränkt sich in ihrer eigenen Meinungsäußerung so, daß auch andere neben ihr frei sein können. Anders jene politischen Gesellschaftssysteme, die nicht auf die Persönlichkeit des einzelnen, sondern auf die manipulierbare Unperson setzen, der sie sogar einen Kunststoffwillen geben —, die große Einheitsmeinung, die, wenn sie genügend feucht gehalten wird, alle anderen Meinungen mit einem Schimmelpelzchen überzieht! Dann tritt die gewünschte Gleichschaltung ein und Andersdenkende werden im Interesse der ‚öffentlichen Meinung' zu Abartige erklärt. Der k l e i n e Mann wagt ohnehin nur selten dagegen anzumurren, was die Großmeiner im Fernsehen sagen. Der Gebildete schweigt, schluckt herunter was ihm auf der Zunge liegt, sieht den Mißgedanken wie ein Irrlicht in der Masse geistern, versucht, ihn sich irgendwie anzueignen um auch dabei zu sein, oder zahlt sein Bier und trollt sich.

Die ‚öffentliche Meinung' ist das Erzeugnis von Leuten, die zu jeder Zeit etwas anderes in die Wurst stopfen, doch immer unter denselben Hantierungen berufsmäßigen Beschäftigtseins. Will man nicht nur die auf Holzschnitten, Stahlstichen oder Fotos abgebildete Wurst wie ein Stilleben betrachten, sondern erforschen, was drin gewesen sein mag nachdem sie längst verspeist wurde, so muß man Sprachgeschichte betreiben. Die Wörter einer Sprache wecken zu jeder Zeit in allen, die dieser Sprache mächtig sind, die gleichen Bilder. In der Sprachgeschichte stellt man dann erstaunt fest, wie Bedeutung, ideeller Wert und Aussagekraft vieler Wörter sich modisch verändern, zuweilen gar auf den Kopf gestellt werden, so als habe das Wort k a l t vor fünfzig oder hundert Jahren die Bedeutung w a r m oder gar h e i ß gehabt. Manche Wörter, wie F r e i h e i t oder M e i n u n g gäben dankbaren Stoff für sprachgeschichtliche Betrachtungen. Unter dem Speichel der ‚öffentlichen Meinung' erscheint heute ein Wort wie blankgeleckt, ein anderes, das noch vor Jahren dieselbe oder gar edlere Bedeutung hatte, wirkt wie ein ausgespucktes Stück Galle. G a s t und F r e m d e r beispielsweise. Auch das Wort G a s t bedeutete F r e m d e r , bezog sich jedoch auf jenen bei Tafel, der, eben weil er fremd war, zuweilen wie ein Schwein fraß und die auserlesensten Leckereien wie billige Blutwurst verschlang. Ein Fremder zu sein, galt noch vor dreißig Jahren nicht für anstößig. Als F r e m d l i n g hatte das Wort im achtzehnten Jahrhundert sogar den Beigeruch des Edlen. Goethe schrieb: „Nur ein Fremdling, sagt man mit recht, ist der Mensch hier auf Erden."

Erst als Leute ‚öffentliche Meinung' machten, die wenig Beziehung zu ihrer Muttersprache haben, sich an ihr kratzen als bestünde sie aus Flöhen, kam man zu der Ansicht, daß ein Mensch mit fünfundneunzig Schlagworten leichter gleich und gefügig zu machen sei als ein Gebildeter, dessen Sprachschatz aus fünfzigtausend Wörtern bestehen mag. Solchen Wortkapitalismus hält ein Sozialist für unnütz! Ihm erscheint es wichtiger, daß der Mensch etwas Sinnloses tut, ein Hobby betreibt, das ihm die Zeit stiehlt ohne ihm etwas Wertvolles zu geben.

Dem Sozialisten hat alles, seit Marx seine Theorie erschuf, bekannt zu sein! Belastend kommt hinzu, daß Sprachbildung der beste Weg zur Persönlichkeitsbildung ist. Gesellschaftssysteme, deren traumhaftes Endziel der vereinfachte Führungsmechanismus ist, das Fädchen zur Hampelmasse, müssen jede verantwortungsbewußte Persönlichkeit als störend empfinden. Sofort wirkt Sprachbildung entbehrlich, sogar systemschädigend! Diese Absichten lassen sich dann noch nach tausend Jahren aus der Sprache unserer Zeit mit erstaunlicher Sicherheit herauslesen. Denn die Sprache, als Schrift hinter Glas gesetzt, ist nicht nur das, was uns am eigensten war und was uns weitaus erkennbarer macht als die beste Photographie, sie ist auch das einzige, was unverfälscht bleibt, keine Stockflecken bekommt und nicht vergilbt. Jene, die ihre Lupe darüber halten, um die ‚öffentliche Meinung' einer vergangenen Zeit aus ihrem Sprachgebrauch herauszufinden, sollten sich jedoch weniger an der Tatsache aufhalten, daß eine Sprache sich verändert, denn alles was lebt muß sich verändern. Wichtig ist nur, herauszufinden, wie sie sich verändert! Daraus erst erkennen wir den Einfluß der ‚öffentlichen Meinungsmacher' und das Ausmaß, in dem sie auf die Mitwelt einwirkten.

Man darf sich den Meinungsmacher nicht als vorsätzlichen Schöpfer vorstellen, der sich sein Werkzeug und seinen Werkstoff herbeiholte in der festen Zuversicht, eine ‚öffentliche Meinung' zu machen. Riefe man diesen Leuten zu: „Sie machen ja Meinung!", sie würden verdattert ihren Griffel aus der Hand verlieren und unter schüchternem Erröten ihre Unschuld beteuern. Sie sind ebenso unbewußt und ansteckend gefährlich Meinungsträger wie andere Bazillenträger sind. Nur der Ideologe versucht unter instinktsicherer Ausnutzung aller zeitgemäßen Tricks seine Meinung zur Herrschaft zu bringen.

Der Erfolg hängt von vielen Voraussetzungen ab. Am Anfang steht dabei die Masse, nicht mit einer formulierten Meinung, aber mit einem Mansch an Bereitschaften und Abneigungen. Je größer die Not eines Volkes, desto stärker seine Bereitschaft zur Leistung. Je größer der Wohlstand, desto verbreiteter die Abneigung gegen alles was im Verdacht steht, sinnvoll zu sein. Die Meinungsmacher, die am Beckenrand des Mansches sitzen, lassen sich von den verschiedensten Beweggründen leiten. Ein Staatsmann von hoher Persönlichkeit wird zu jeder Zeit, sei sie durch Wohlstand getrübt oder vor Not wach, seinen Weg gehen, aus eigener Kraft handeln und dem Volke unermüdlich in einer klaren Sprache darlegen, was ihm zum Wohle diene, nicht auf den Tag, sondern in die Zukunft gebaut. Hat er sich an die Gebildeten zu wenden, um sie für sein politisches Werk zu gewinnen, wird er in der Sprache der Gebildeten sprechen. Hat er in bornierten Wohlstandszeiten das Volk anzusprechen, wird er eine derbere, leicht eingehende, anschauliche Sprache wählen, in der Zuversicht, daß es einmal leichter sein wird, eine grob gewordene Sprache zu verfeinern, als eine durch viele Fremdworte verholzte Sprache wieder glühen zu lassen.

Dem Staatsmann gegenüber hockt am Beckenrand des Mansches der Ideologe, der auf Biegen und Brechen seine Ideologie gewaltsam durchsetzen will. Er beäugt den Mansch und fischt alle Aversionen heraus, die er für seine Ideologie zu einem Pullover verstrickt. Ob die Farben passen oder nicht, bleibt unerheblich, ihm ist allein der Erfolg wichtig, und um erfolgreich zu sein, muß er die richtigen Stichworte geben können. „Zu hohe Preise?" Seine Partei stellt das ab! „Zu hohe Mieten?" Seine Partei setzt alle Mieten auf zwei Pfennig herunter! Wie? Die Masse will keine Erklärungen, sie möchte nur Träume!

Zwischen diesen beiden, der Persönlichkeit und dem Ideologen, sitzen die berufsmäßigen Meinungsmacher, die sich für die D i e n e r der öffentlichen Meinung halten. Je mehr ihr Nutzen steigt desto päpstlicher geben sie sich, bis hin zu Augstein, dem Diener der Diener der ‚öffentlichen Meinung'. Diese berufsmäßigen Meinungsmacher empfinden durchweg nicht das Gewalttätige ihrer Absicht, der ‚öffentlichen Meinung' zu dienen, sind in der überwiegenden Mehrzahl davon überzeugt, dieses Kunststück nach bestem Wissen und Gewissen tagtäglich zu vollbringen. Aber auch sie wollen Erfolg sehen, denn erst dann können sie sich als gute D i e n e r empfinden. Erfolg hat jedoch nur, wer auf der richtigen Seite angelt! Indem sie fragen „was will die ‚öffentliche Meinung'?" orientieren sie sich unbewußt am tatsächlichen Herrschaftswillen einer anonym herrschenden Klique, auch wenn noch ein ganz anderer Laps des Landes Schützenkönig spielt.

Es gibt Zeiten großer Staatsmänner und kleiner politischer Gegenspieler, die mit Worten Florett fechten. Es gibt andere Zeiten mit alles beherrschenden Intellektuellen, denen kein Staatsmann gegenübersteht, sondern kleinere Nummern an Politikern, deren Größe in der publizistischen Aufgedunsenheit liegt. Eine einzige gut gemachte Skandalgeschichte und teita geht der Mann! Bis dahin läßt man ihn den Vogel abschießen und übersieht taktvoll, daß jemand an der Stange wackelte. Eine charakterstarke Persönlichkeit, an die Spitze des Staates gestellt, vermag auch eine sich wild gebärdende Masse, die Schlagworte wütend um sich wirft, allmählich in Griff zu bekommen und zu führen. Arg verdrehte Zeiten wie die unsren verlangen da schon fast Unmenschliches. Denn ein Volk im Wohlstand für etwas Sinnvolles zu gewinnen, das ist das schwerste. Es zu verführen war zu allen Zeiten bloß eine dumme Kinderei.

WARUM WIRKT ‚ÖFFENTLICHE MEINUNG'?

Jede herrschende Klasse findet zu ihrer Zeit ihre eigene Art an grausamen Späßen, sich hervorzutun indem sie andere der Lächerlichkeit aussetzt. Einer bestand in den siebziger Jahren dieses Jahrhunderts darin, auf öffentlicher Straße Hitlerreden, wie zu Münster geschehen, von Tonbändern abzuspielen oder filmische Zeitberichte aus dem Dritten Reich unverändert, hier und da ein wenig geschnitten, vorzuführen, um die Rückwirkungen von den Gesichtern der Menschen abzulesen. Wie erbärmlich großartig kommen sich die Erfinder dieser Tortur vor und welche borniertenten Fehlschlüsse ziehen sie daraus! Da wird gealterten Menschen, deren Gesicht sich mit einem Mal aufhellt, der Vorwurf gemacht, sie seien verstockte Bösewichte, weil sie noch immer dem alten Flitter anhingen, statt sich mit dem neuen zu behängen. Doch nur ein Klotz denkt im Alter nicht gern an früher zurück, mag dieses Früher gewesen sein wie es will, es war das bessere Stück vom Leben! Andere, und darüber wundern sich die engstirnigen Hobbypsychologen noch mehr, wehren böse den unzeitgemäßen Aufguß ab, erinnern sich, nun der Verzauberung der damaligen ‚öffentlichen Meinung' entronnen, wie sie einst dem Ungeschmack jenes Zeitgeists unterlagen. Ihr Zorn darüber kommt aus der Scham, weil sie auf einmal den blanken Leim sehen auf den sie arglos krochen.

Jeder Mensch braucht einen Rest Würde, um leben zu können. Der Mut zum Schuldbekenntnis, das nicht vom w i r , das vom I c h spricht, setzt die Größe der Persönlichkeit voraus. Je kleiner der innere Mensch desto erhabener muß er sich dünken! Zufrieden fühlten sich die Jahrmarktsgelehrten bei ihrem kindischen Experiment erst vor den Gesichtern junger Menschen. Denn die schüttelten sich vor Lachen, konnten nicht begreifen, wie der Vater auf solche Schlagworte und sonderbaren Gesten hereinfallen konnte. Sie sollten sich in einem nicht täuschen — Reden, Gesten und äußere Erscheinungen, sowie der ganze uniformierte Niethosenrummel, dieser Klosettbrillenstuß und das öde Geschwätz marxistischer Agitation, dem sie unkritisch lauschen und bedenkenlos ihre Zustimmung geben, das alles wird einmal einer späteren Generation weitaus lächerlicher sein! Denn zu keiner Zeit in der abendländischen Geschichte klafften Leistung und Anspruch weiter auseinander, nie wurde eine Vergangenheit mit grillenhaften Zukunftsvorstellungen in Frage gestellt!

Wenn bald auch ihre Schlagworte verfilzen, ihre Art der Kleidung und Haartracht für jedermann komisch wirken, weil man dann längst in anderen Klamotten öffentlichen Kitsches steckt und manch einer mit dem Alter ein wenig weise geworden ist, so werden sie ihre Arroganz nicht mehr so glatt gebügelt herüberretten. Sich klüger zu fühlen als die Väter-Generation, bloß weil man statt der alten neue Schlagworte gebraucht, das ist noch nie Zeichen der Stärke, sondern des charakterlichen Zwergwuchses gewesen.

So wahr es für den deutschen Menschen in den vierziger Jahren ein Erwachen gab, so setzte das nicht erst im April oder gar

Mai 1945 ein. Für den denkenden Menschen zeichnete sich eine klare Ahnung vom Ende schon 1943 ab. Auch der Masse der Mittelmäßigen wurde im Laufe des Jahres 1944 klar, daß man sich allmählich und irgendwie absetzen müsse von der ‚öffentlichen Meinung', der das Wasser bis zum Hals ging. Man gestand es sich nicht ein, sprach es nicht laut aus, weil das dem Ende zu besonders ruppige Regime jeden mit schwerer Strafe bedrohte, der noch sagte was er dachte. Aber man sah, wie da eine kleine, sich allmählich isoliert fühlende Parteiklique der Masse nur noch aus Schiß den Heldentod empfahl, um sich danach ohne Führerbild und Parteiabzeichen, vielmehr mit dem Restbestand an Sekt, in die noch wärmeren Restgebiete des zerbröckelnden Reiches zu verkrümeln. Da zeigte sich, daß die Haupt- und Staatspersonen des Dritten Reiches mit allzu wenigen Ausnahmen eben doch keine Persönlichkeiten waren, sondern nur subalterne Genossen aus dem Schleim des Liebedieners großgeworden, die ihre phantasiereichen Uniformen nicht unnötigerweise trugen, sondern aus Notdurft. Eine Umerziehung des deutschen Volkes war überflüssig geworden! Man hatte den Götzen im entscheidenden Augenblick seiner Bewährung von hinten gesehen, sah daß er aus Pappmaché war.

Die Sieger meldeten sich als Charaktergrößen an; was kam waren Abziehbilder davon! Eine großzügige Behandlung des Besiegten, wie sie 1814 Frankreich und Polen erfuhren, fand nicht statt. Nicht einmal loskaufen durfte er sich, wie es der besiegte Alleinschuldangreifer Frankreich 1871 tun durfte. Diese Sieger gaben sich so kleinartig, daß sie auch noch dem Krüppel am Boden Fesseln anlegen mußten, um ihn in ihre politische Form für Trabanten zu pressen! Sie bewiesen einmal mehr, daß sich alle Waffen nach erfolgreich bestandenem Kampf einsammeln und ins Zeughaus bringen lassen, bis auf eine, die Waffe der psychologischen Kriegführung P r o p a g a n d a. Dieser Söldner durchstreifte als ‚öffentliche Meinung' zu Haufe marodierend das Land. Jede im Krieg gebrauchte Propaganda wirkt nicht am stärksten auf den Feind, für den sie bestimmt ist, sondern auf den Propagandisten. Diese Künstler der Lüge steigern sich bis zu solcher Fertigkeit, daß sie am Ende ihren eigenen Schwindel für Wahrheit halten. Das gleicht einem Eierlauf, den man, um der Schnellere zu sein, ohne Ei läuft, dann am Ziel den Reportern den leeren Löffel zeigt und versichert, daß es ein besonderes Ei sei.

Wenn das deutsche Volk einem barbarischen Schicksal entging, so darum, weil es Gnade vor einem h ö h e r e n Richter fand, der es mit Glück überhäufte. Das größte Glück wurde dem geschundenen deutschen Volk schon vorab erteilt, als ein paar Tage vor Ende des Krieges Franklin D. Roosevelt starb. Daß dieser pathologische Deutschenhasser den Krieg nicht überlebte, dürfen Deutsche als die größte Gnade betrachten die einem zum Freiwild gewordenen Besiegten jemals zuteil wurde. Wie fanatisch ‚öffentliche Meinung' ihre Macher macht, bis sie sich steilen vor Haß, das kann jeder in den amtlichen Veröffentlichungen des amerikanischen Senats nachlesen, dem ‚Morgenthau Tagebuch'. Hätte Roosevelt den Krieg überlebt, das deutsche Volk wäre nicht nur ins Fegfeuer der Greuelpropaganda geworfen worden, man hätte es unter dem Druck der noch ärger verhetzten ‚öffentlichen Meinung' wie einen tollen Hund umgelegt. Ein neuer Hexenhammer wäre von bigotten Männern verfaßt worden, denn Roosevelt wollte das deutsche Tier sämtlicher Verbrechen des Bolschewismus beschuldigen, beginnend bei den grauenhaften Morden von Katyn, die während der vorübergehenden Entstalinisierung unter Chruschtschow als Eigenleistung der Sowjetbarbarei eingestanden wurden. Das nette Sümmchen Verbrechen wäre dann noch um fixe Erfindungen großzügig aufgerundet worden. Es hätte dann E n t h ü l l u n g e n gegeben von der Art des Auschwitz Kommandanten Höß, der aus der Slowakei mehr Juden vergast haben wollte als es dort jemals gegeben hatte. Es sollte uns zu denken geben, wenn die einzigen, die heute an einer Wiederaufrollung des Auschwitz-Prozesses lautes Interesse zeigen, Nationalsozialisten sind! Zuviele ausländische, zumal jüdische Sachkenner, äußerten Zweifel an der Haltbarkeit vieler Schuldvorwürfe. Nicht nur dem amerikanischen Hauptankläger in Nürnberg, Bundesrichter Jackson, erregten seine eigenen Urteile nachträglich Unbehagen; auch der österreichische Sozialdemokrat, Dr. Benedikt Kautsky, der von 1938 bis 1945 im KZ saß, davon drei Jahre in Auschwitz, schrieb: „Ich war in den großen KZs in Deutschland. Ich muß aber der Wahrheit gemäß feststellen, daß ich in keinem Lager jemals eine Einrichtung wie eine Vergasungskammer angetroffen habe".

Es entspricht in der Tat einer unmoralischen Auffassung zu denken, es sei unerheblich, ob sechs Millionen, oder nur sechzigtausend Juden durch Deutsche in Deutschland umgekommen seien. Selbstverständlich wird schon der Tod von sechzigtausend jüdischen Mitbürgern dem deutschen Volk eine peinliche Feststellung bleiben, doch jede Vortäuschung von Morden ist das erbärmlichste Verbrechen. Niemand hat ein Recht, der Herausforderung zur Beweisführung auszuweichen! Sonst muß sich eines Tages aus der Lüge, die sich um einen Kern Wahrheit spann, die Gegenlüge um einen Kern unwiderlegbarer Wahrheiten bilden. Den Rest würde das Untier ‚öffentliche Meinung', wie zu allen Zeiten, dazutun. Dokumente über die Teilwahrheiten werden dann als willkommener Beleg für die ganze Wahrheit hingenommen, auch wenn sie vor Fehlern strotzen. So übersetzt der nationalsozialistische Vergangenheitsbewältiger Heinz Roth die 1940 gemachte Äußerung des Rabbiners Dr. Wise: ‚This war is our business!' mit ‚Dieser Krieg ist unser Geschäft!', wo doch jeder, der sein Englisch nicht an den fünf Fingern spricht, weiß, daß es nicht anders verstanden werden kann als: ‚Dieser Krieg ist unsere Sache!', womit Dr. Wise jüdische Drückeberger in Amerika ins Gewissen reden wollte. Das ändert nichts an der Tatsache, daß auch viele ‚Dokumente' und Vorwürfe der Gegenseite nicht weniger idiotisch zusammengeklopft wurden. Aber die Schuld bis auf den Pfennig nachgewiesen zu bekommen, ist das Recht jedes Beschuldigten!

Die zweite Gnade, die dem Deutschen zuteil wurde und ihn vor Aushungerung und Siechtum bewahrte, lag in dem neu ausbrechenden Konflikt zwischen dem Amerikanismus und Bolschewismus. Was die Sieger dem Besiegten versagten, G e r e c h t i g k e i t , sie wurde ihm wie durch ein Wunder vom Schicksal beschert. Der Preis, den die Deutschen als Nation dafür zahlten, lag hoch, vielleicht zu hoch. Aus der Gnade, die den Deutschen zugedacht war, zogen auch die Sieger Gewinn. Denn nun machten Zwecklügen ‚öffentliche Meinung', die Lüge von der gerechten Sache der Sieger und die Lüge vom wissenschaftlich vertretbaren Marxismus. Die rotzige Wahrheit hätte gewiß mehr zur Läuterung des Verstandes beigetragen. Denn auch ein krankes Tier hungert sich besser gesund oder verendet. Der Weg über die Fleischbrühe wirkt nur dem Anschein nach menschlicher; er hilft dem charakterlich Krummen. Der gerade Kerl erbricht sich daran.

Eine Gegenwart, deren Entstellung beherrschend wurde, ist zum Verständnis historischer Vorgänge untauglich. Zu viele kleben an zuvielen zeitbedingten Abziehbildern. Es fehlt der Abstand, um die Sache von außen zu betrachten. Beweise sind von der Mehrheit abzuwehren, solange die Einsicht in ihre Richtigkeit gesellschaftliche Nachteile mit sich bringt. Nur Toren und Idealisten nehmen eine Wahrheit an, die man nicht zinsbringend anlegen kann. Greifen wir darum zu einem historischen Beispiel, springen wir in eine Zeit zurück, die in sich abgeschlossen ist und befassen wir uns mit einem Volk, das für Deutsche zum Schicksalsvolk wurde — mit den Polen.

Polen und Deutsche besitzen bei aller Verschiedenheit des Volkscharakters viele Gemeinsamkeiten. Beide Völker leiden darunter, weil in ihrem Charakter Hochmut und Kriechertum dicht beieinanderliegen, daß sie immer wieder von einer Unart in die andere kippen. Obwohl Polen das Land ist, mit dem Deutschland, historisch gesehen, die wenigsten Kriege führte und die meiste Zeit in Frieden lebte, so fanden die beiden Völker keinen gemeinsamen Weg, miteinander in Eintracht zu leben. In Zeiten wie der Gegenwart oder denen nach dem ersten Weltkrieg oder jenen der Franzosenherrschaft in Deutschland im frühen neunzehnten Jahrhundert, mußten die Deutschen stets unter der Aufgeblasenheit und Maßlosigkeit der Polen leiden. Mochten sie ihnen auf den Knien zurutschen, das verstärkte nur den tolldreisten polnischen Chauvinismus. Was die Polen heute unter einem ‚friedlichen Nebeneinander der beiden Völker' verstehen, das sollten Deutsche nicht aus den reimlosen Gedichten sozialdemokratischer Propaganda entnehmen, sondern aus den maßlosen Forderungen der machtbesessenen polnischen Herren an die zu jeder Dämlichkeit fähigen Knechte in Deutschland! Ebenso wurde die Verachtung der Deutschen und ihre gespreizte Überheblichkeit gegenüber den Polen immer dann unerträglich, wenn sich diese speichelleckend deutscher Glorie näherten. Dann empfanden nicht nur Deutsche, sondern auch Polen die Bezeichnung P o l e für das gemeinste Schimpfwort.

Jedes Volk wird von der ‚öffentlichen Meinung' der Welt so behandelt wie es das verdient. Am Ende des achtzehnten Jahrhunderts verlor die bis dahin für gewaltig geltende europäische Großmacht Polen ihre beherrschende Stellung. Die Uneinigkeit des sarmatischen Adels und die niederdrückende Bevormundung des Volkes durch volksfremde Interessengruppen, hatte Polen in sich zerrissen. Ein Volk, das sich selbst verachtet, kann nicht erwarten, von anderen geachtet zu werden. Niemand empfand es als ungeheuerlich, daß Polen als ein Opfer der Gewalt 1795 aufhörte, ein selbständiger Staat zu sein. Nicht einmal die Polen selbst! Sogar die Franzosen fühlten sich in ihrem Revolutionschauvinismus zu ganz anderem Ehrgeiz getrieben, als den, für Polen Teilnahme zu zeigen. Sie waren voll damit beschäftigt, die besten Menschen wie Frühstückseier zu köpfen.

Das in seiner Geschichte von Anfang bis heute imperialistische Rußland trachtete nach der Alleinherrschaft über ganz Polen. Es gebrauchte dabei dieselben Methoden wie heute — es lenkte von seinen eigentlichen Absichten ab. Anstatt eine Europäische Sicherheitskonferenz vorzuschlagen, versuchte es, Preußen und Österreich auf die Gefahren aufmerksam zu machen, die das Revolutionsregime in Frankreich für die zivilisierte Menschheit darstelle. Doch in Deutschland war man noch nicht so dumm wie heute, man fiel nicht auf den Taschenspielertrick herein. So kam es zur dritten Teilung Polens, bei der Rußland die Hälfte, Preußen und Österreich je ein Viertel abbekamen.

Ein Geheimartikel des Teilungsvertrages bestimmte, daß fortan der Name Polen nicht mehr genannt werden dürfe. Man meine nun nicht, daß jene Schwachsinnige, die wir ‚öffentliche Meinung' nennen, 1795 auch nur ein Wort des Mitleids für die Polen gefunden hätte! Nicht einmal in Frankreich, wo man dazumal Freiheitsbäume aufstellte wie bei uns zu Heiligabend Christbäume. Die Verachtung für die Polen, die 1795 und Jahre danach vorherrschte, schlug 1830 allmählich in eine Polenfreundlichkeit um, die in der Geschichte Europas ohne Beispiel blieb.

Allerdings gab es auch noch in den dreißiger und vierziger Jahren des neunzehnten Jahrhunderts Männer von politischem Rang, die die Polen als ein charakterloses Volk verurteilten. Ich will mich dabei nur kurz bei Heine aufhalten, dessen Egozentrik man für Gesinnung hält. Er brachte es fertig, schwülstige Aufrufe an den König von Preußen zu erlassen: „Die Polen! Das Blut zittert mir in den Adern wenn ich das Wort niederschreibe, wenn ich daran denke, wie Preußen gegen die edelsten Kinder des Unglücks gehandelt hat ...", gleichzeitig tat er sich als der erfolgreichste Verhöhner des polnischen Freiheitskampfes hervor, indem er in den deutschen Chor der Trost- und Klagelieder einen schrillen Mißklang brachte. Mit den beiden Rittern aus der Polakei, ‚Krapülinski und Waschlapski', sang er sein garstig Lied, in dem er den größten polnischen Helden E s e l i n s k i schimpfte. An Polens Verdammung beteiligte sich einer der Väter des französischen Kommunismus, Pierre Proudhon, von dem wir nur seine ebenso vieldeutige wie blödsinnige Antwort auf die Frage ‚Qu'est-ce que la propriété?' kennen: „Eigentum ist Diebstahl!". Er sagte noch zur vierten polnischen Teilung, daß die Geschichte nie ein so verdientes Strafurteil gefällt habe.

Auch das demokratische und für seine liberale Gesinnung bekannte Mitglied der deutschen Nationalversammlung, der Staatsrechtler Professor Jordan, verteidigte noch bei der Polendebatte in der Paulskirche die Teilung Polens. Seine Rede fand den stürmischen Beifall des Hauses. Wir sollten uns seine Worte unauslöschlich ins Gedächtnis ritzen, weil sie nicht nur für Polen, weil sie ebenso für Deutsche zeitlose Gültigkeit behalten müssen: „Noch nie, solange die Welt besteht, ist ein Volk politisch untergegangen wenn es nicht vorher physisch zugrunde gegangen wäre. Ein Naturgesetz sagt, daß ein Volkstum durch seine bloße Existenz noch kein Recht auf politische Selbständigkeit hat, sondern erst durch die Kraft, sich als Staat unter anderen zu behaupten." Jordan fuhr fort: „Die polnische Teilung war nicht so sehr ein Völkermord als vielmehr die Proklamation des bereits erfolgten Todes, die Bestattung einer längst in Auflösung begriffenen Leiche, die unter Lebendigen nicht mehr geduldet werden durfte. Sie war das gerechte Gericht über ein verrottetes Volkstum das keine eigene Kraft besaß, das Feudalwesen zu brechen, dessen Zerstörung die Kultur gebieterisch forderte."

Wir hatten uns die Frage gestellt, w a r u m ‚öffentliche Meinung' wirke! 1795 galt das polnische Volk für weniger als eine schlachtreife Sau. Kein Mensch wäre auf den Gedanken gekommen, für dieses kriecherische Volk ein Wort einzulegen. Über Polen sprach man nicht, so wie heute niemand über Deutschland spricht. Wie konnte sich die ‚öffentliche Meinung' Europas zum Polenproblem auf den Kopf stellen, daß man bald darauf die Polen außerhalb Polens, vor allem in Deutschland, als das größte Heldenvolk aller Zeiten ansah? War die ‚öffentliche Meinung' h e l l e geworden? Das zu vermuten, gäbe nur Stoff für einen Aberglaube. Die ‚öffentliche Meinung' ist ohne Verstand, sie kann nicht klug werden. Wenn sich in ihr etwas ändert, so ändert sich nur die vorherrschende Tendenz, und wenn sich die ändert, ändert sich der Gegenstand des Unbehagens.

1795 war das polnische Volk ein Schleimbeutel wie das heutige deutsche Volk. Niemand würde ein einziges Wort des Mitleids verlieren, wenn dieses Volk in einigen Jahren aufhörte, als unabhängige Nation zu existieren. Viele fühlten sich erleichtert! Doch die Polen, 1795 ins Unglück gestürzt, begannen innerhalb weniger Jahre, als Volk wiederzuerstarken und aufrecht ihre Freiheit zu fordern, anstatt sie mit dem Hut zu erbetteln und sich dabei unentwegt selbst zu bekotzen oder mit Urin zu bespülen wie es gewisse nützliche Deutsche heute tun. Solche Wurmpersonen die man nach der Länge des Schwanzes mißt, weil sich an ihnen keine andere Größe mehr feststellen läßt, erwecken den Ekel anderer Völker.

Hätten sich die Deutschen als Volk im Unglück würdiger gezeigt, wären sie dem Sieger aufrecht entgegengetreten, anstatt in den linken Schuh zu hofieren und dabei den rechten mit ihrer Pinkel zu füllen, dann hätte jeder einzelne sich zu der Schuld bekannt, die jedem einzelnen gerechterweise beizumessen war. Die ‚öffentliche Meinung' der Welt würde dieses Volk auf die Dauer ihre Achtung nicht versagt haben. Denn Tendenzen können sich nur dort wuchernd ausbreiten, wo es viel weiches Zeug zu ihrer Nahrung gibt. Bleibt ein Volk sich treu, müssen seine Sieger ihr Kriegsgepäck früher oder später sortieren, anstatt ihm den ganzen Kübel nachweisbarer Vorwürfe mit sämtlichen Wurstabschnitten psychologischer Kriegführung über den Kopf auszuschütten.

Wie konnten zehn Millionen Deutsche als eine Maßnahme ausgleichender G e r e c h t i g k e i t ihr Recht auf Heimat verlieren, und warum mußten sie grausamste Folterungen bei ihrer Vertreibung, etwa im Sudetenland, über sich ergehen lassen, ohne daß sich die Humanitätsfreunde der Welt darüber empörten? Es kann nur eine Antwort darauf geben — dieses deutsche Volk war 1945 physisch zugrunde gegangen so wie das polnische Volk im Jahre 1795! Es kann erst dann wieder Völkerrechte für sich in Anspruch nehmen, wenn es sich auf sich selbst besinnt, so wie es die Polen zu Beginn des neunzehnten Jahrhunderts taten! Einem Beispiel nachzueifern, das das polnische Volk gab, kann nach Stand der heutigen ‚öffentlichen Meinung' nicht verkehrt sein. Werden wir nicht polnisch, aber werden wir so gut deutsch wie nach 1810 die Polen polnisch wurden! Und welcher Lohn erwartete uns!

1815 gehörte Polen zu den besiegten Nationen, weil es gehofft hatte, durch blinde Gefolgschaft zur europäischen Großmacht Frankreich seine Freiheit zurückzugewinnen. Als 1814 Napoleon geschlagen war und seine Tyrannenherrschaft über Europa ein Ende fand, da hatte auch Polen den Krieg verloren. Doch dieses Volk kämpfte so tapfer um seine Freiheit, daß ihm der Wiener Kongreß die Unabhängigkeit zurückgab. Kongreß-Polen entstand! Nie zuvor und nie wieder danach waren besiegte Nationen wohlwollender behandelt und in eine freiere, glücklichere Lage versetzt worden, wie Frankreich und Polen im Jahre 1814 durch ihre Sieger. Doch den Polen genügte das nicht. Sie wollten nicht nur ihr Kernland, sie wollten alles zurückhaben was jemals zu Polen gehört hatte, um in Europa wieder Großmacht zu werden. Die ‚öffentliche Meinung' der europäischen Völker verachtete die Polen dafür nicht. Im Gegenteil, man bewunderte mit einem Mal dies Volk, das für sein Recht auf Heimatboden kämpfte, anstatt sich wie später die Deutschen aufs Traktateschreiben zu beschränken. Worte, zumal geschriebene, sind im politischen Kampf nicht unerheblich, doch wo sie nicht einmal mehr im eigenen Lande ‚öffentliche Meinung' machen, übersieht sie die Welt zu recht.

Um 1830 überschlugen sich Deutsche, den Polen zu ihrem Freiheitskampf ihre Hochachtung auszusprechen. Deutsche Dichter schrieben den Polen ihre Freiheitslieder, die drüben noch heute gesungen werden — Ludwig Uhland, Franz Grillparzer, Adalbert von Chamisso und Georg Herwegh. Die Zeitschrift ‚Die Jahreszeiten' druckte 1831 dies Gedicht eines ungenannten Deutschen: „Und ganz Europa blickt staunend hin auf dieses Heldenvolkes kühne Taten; teilnehmend lindert es sein Mißgeschick, fragt nichts nach Politik, wohltun, nicht nach dem Ton in Kabinetten." Das entsprach der ‚öffentlichen Meinung' im damaligen Deutschland! Noch in kleinsten Orten wurden zu Gunsten der polnischen Vertriebenen Sammlungen durchgeführt, öffentliche Dichterlesungen und Konzerte gehalten, deren Reinerlös den Polen zugute kam.

Obwohl uns allein aus den Zensurakten des Geheimen Staatsarchivs in Preußen fünfundvierzig Streitschriften und Gedichtbände bekannt sind, in denen sich Deutsche für die Sache Polens einsetzten, haben wir kein Recht darauf, als ein Volk in gleich erbärmlicher Lage wie damals die Polen eine ähnliche Teilnahme in der ‚öffentlichen Meinung' Europas zu erhoffen. Einen solchen Anspruch müßten wir uns erst erwerben! Denn geholfen wird zu recht nur dem Volk, das sich zunächst selbst hilft. Einen krepierenden Hund rührt man nicht an, mag er auch winselnd und sich urinierend auf einen zukriechen. Die Polen verdienten 1830 die Teilnahme ihrer Mitvölker, weil sie nicht bloß dasaßen, sich die verrücktesten Vorwürfe machten und Mitleid mit sich ausschwitzten oder gar in pervertierendem Hochmut darüber Klagelieder sangen, welch Lumpenvolk sie seien. Die Polen verdienten Hochachtung, weil sie zu sich selbst zurückfanden.

Das Bayerische Volksblatt schrieb 1830: „Der Glaube an die Auferstehung Polens ist bei allen Völkern mit dem Glauben an eine göttliche Vorsehung verbunden." So läßt es sich auch sagen; doch sollte man keinen Humbug mit dem Wort V o r s e h u n g treiben! Denn nur wer sich selbst hilft, dem hilft Gott. Der deutsche Dichter Freiherr von Maltitz schrieb ein Polengedicht von hundertsechsundvierzig Strophen zu je sechs Versen, und der katholische Dichter Herwegh schrieb: „O flieg, mein Polen, flieg, mit jedem Stern im Bunde, voran zum heiligen Krieg!" In die himmelhochjauchzende Bewunderung der Deutschen für das durch Selbstbewußtsein zur Nation gewordene Polen mischte sich stiller Neid, weil es ihnen heute wie damals noch an Charakterstärke fehlte, es den Polen gleichzutun. Der Dichter August Graf von Platen beendete den Zyklus seiner Polenlieder mit der Klage über Deutschland: „So muß ich denn gezwungen schweigen, und so verläßt mich jeder Wahn, mich fürder meinem Volk zu zeigen, das wandelt eine s o l c h e Bahn. Doch gib o Dichter dich zufrieden, es büßt die Welt nur wenig ein. Du weißt es längst, man kann hienieden nichts Schlecht'res als ein Deutscher sein."

Wir erkennen ihn wieder unseren Zeitgeist, durch einen Tropfen Harz versteint vor hundertvierzig Jahren! Die Erregung, in die sich der Polenkult in Deutschland steigerte, trotz der zuweilen kriminellen Entartung polnischer Flüchtlinge in Deutschland, gipfelte in solch entwürdigende Selbstbefleckungen, die in der Welt beispiellos dastehen und die wir gar nicht begreifen könnten, böten uns unsere intellektuellen Literaten vom Schlage eines Theo Weißenborn nicht Beispiele solch wahnartiger Selbstbeschmutzung, bei der man sich die Haare mit dem eigenen Kot onduliert.

Damals wurde dem deutschen Gelehrten Professor Krug, der kurz zuvor für den Freiheitskampf der Griechen eingetreten war, der Polenkult in Deutschland zuviel. Er ermahnte die Polen: „Trauen Sie jenen nicht, die Ihnen einreden wollen, gleiches habe die Welt noch nicht gesehen, Ihr Volk sei das Bollwerk der Zivilisation gegen die von Asien einbrechenden Barbaren, die ganze Menschheit müsse deshalb aufstehen und zu Ihrer Rettung nach Polen eilen!"

Wir sehen, welche Wunder mit der ‚öffentlichen Meinung' zu bewirken sind, Wunder im Schlechten wie im Guten! Wir sollten daraus lernen, daß die ‚öffentliche Meinung' nicht darum schlecht oder gut ist, weil ihre Macher gut oder schlecht sind, sondern weil wir sie so werden ließen wie sie ist. Die Schuld trifft jeden einzelnen von uns, denn wir alle machen ‚öffentliche Meinung' mit dem Kopierstift, wie die Masse der Journalisten! Nur wenige stehen ganz oben mit dem Giftfläschchen in der Hand und träufeln die Dosis ein. Die Wirkung beruht darauf, daß sich das Gift durch Nachäfferei vervielfältigt, und je mehr zapplige Nachmacher sich finden, desto toller verbreitet es sich. Bis jeder, der sich kühl seine Vernunft bewahrt, für verrückt gilt.

Sind diese wenigen stark genug, sich in dieser Zeit öffentlichen Irreseins treu zu bleiben, so kann ihr Beispiel Genesung bringen, sobald sich die öffentliche Verrücktheit genügend dullgedreht hat. Im richtigen Augenblick widersprochen, was nicht unwidersprochen bleiben darf, und der zugempfindliche Kettenwurm ‚öffentliche Meinung' zerfällt in seine Glieder! Gewiß, es ist ein ungleicher Kampf, bei der die Masse der Geführten oder Verführten weisungsgemäß den Ton angibt und die freie Meinung weniger einzelner nichts gilt. Doch die Stärke einer Gesinnung läßt sich nicht demokratisch quantifizieren. Die Welt wird immer nur von wenigen bewegt. Nichts ist unzuverlässiger als die Masse!

Selbstverständnis und Weltbild eines Volkes setzt sich zu jeder Zeit wie das Muster eines Mosaiks aus unzähligen bunten Steinchen zusammen. Verändern wir am Bildrand einzelne Steine so erkennt das ungeübte Auge noch keine abträgliche Wirkung. Doch je mehr man fortfährt, Steinchen um Steinchen zu verändern, ja, Spaß an dem blöden Spiel bekommt wie ein Kind am Zerlegen des Uhrwerks, desto schneller verändert sich das Bild und plötzlich ist es uns fremd. Dann verliert das einstige Selbstverständnis an Schärfe, bekommt mit einem Mal ein völlig anderes Gesicht. Der umgekehrte Weg von dort zurück kann nicht anders begangen werden. Es sind unendlich viele falsche Steinchen, die in unser Bild hineingemogelt wurden, wieder auszuräumen und durch die echten Steine zu ersetzen! Liebenswerte Kindsköpfe, die meinen, das sei mit einem Schlag durch einen einzigen Beweis der Wahrheit zu bewirken, schaden dabei oft mehr als sie nutzen. Manches, was in dieser Schrift geschrieben steht, wird von vielen noch nicht gelesen werden können. Wer kann das besser verstehen als der Autor, der noch die Bücher kennt, die er vor Jahren nicht lesen konnte. Denn niemand vermag eine Wahrheit einzusehen, solange er nicht bereit ist, für sich die notwendigen Folgerungen daraus zu ziehen. Wer vermag denn einzusehen, daß er sich irrt, wenn die Berichtigung mehr von ihm fordert, als er zu geben bereit ist? Wo der Gesinnungswandel nichts einbringt, bringt ihn ein Lump nicht auf. Aber der Stachel bleibt, den eine Wahrheit in dem hinterläßt, der vorzubringen tausend Gründe weiß, nicht vom warmen Ofen der ‚öffentlichen Meinung' wegzukriechen.

Plötzlich, von einem Tag auf den anderen ist man dazu bereit, den Gedanken nachzuvollziehen der einem einst unerträglich schien, und fast geht's nun schon zu schnell, um auch tief zu gehen. Wann jemand abspringt vom Zug der ‚öffentlichen Meinung' ist eine Persönlichkeitsfrage. Man weiß aus geschichtlicher Erfahrung, daß dies bei einzelnen anfängt, deren Beispiel nicht sogleich Schule macht, das aber nicht übersehen werden kann. Wenn erst der große Haufe abspringt, ist dem Zug längst die Lokomotive genommen; danach steht er leer und diese ‚öffentliche Meinung' wird aufs Abstellgleis gestellt. Sie muß dann nicht noch nachträglich vernichtet werden, wie man es mit der blödsinnigen Entnazifizierung versuchte. Eine kaputte ‚öffentliche Meinung' ist so kaputt, daß man sie nur noch symbolisch in die Luft sprengen kann.

Die Entwicklung, zur Rückgewinnung des Selbstverständnisses eines Volkes, kann, wenn sie gut werden soll, immer nur vom einzelnen ausgehen, vom Gebildeten, von der Persönlichkeit. Sobald von wenigen der Weg bereitet ist, zockelt die Masse ganz von selbst hinterher; es ist ihr ziemlich gleichgültig, in welchem Aufzug. Der Unterschied zwischen Rosenmontagszug und Fronleichnamsprozession, zwischen Bürgerrechtsdemonstration und

Erster-Mai-Parade, ist nicht so groß wie wir meinen. Der liebenswürdige Vater deutscher Geschichtsschreibung, Leopold Ranke, schrieb dazu: „Solange es noch ausgezeichnete und mittelmäßige Menschen zu unterscheiden gibt, werden die ausgezeichneten immer in der Minderheit sein; denn nur dadurch sind sie ausgezeichnet, daß sie wenige sind." Und zur ‚öffentlichen Meinung' sagte er: „Nur darin unterscheidet sich die Philosophie von der öffentlichen Meinung, daß sie mit einer weitläufigen Kette von Gründen angezogen kommt, um ihre Ansicht vom Staate als richtig darzutun. Auf solche verwickelten Spitzfindigkeiten läßt sich der ‚gesunde Menschenverstand' der öffentlichen Meinung nicht ein. Er setzt ohne weitere Umstände voraus, daß vernünftigerweise ein jeder gleiches Recht im Staate habe, oder, daß die öffentliche Meinung herrschen sollte, oder wer weiß was sonst. Dadurch aber beweist der ‚gesunde Menschenverstand', daß er nicht ein gründlich gebildeter ist, denn die Gründe will er ja nicht, sondern nur die Resultate."

BRAUCHEN WIR DIE ‚ÖFFENTLICHE MEINUNG'?

Soziologen und Politiker geben unter Bedauern zu, daß der Begriff ‚öffentliche Meinung' zwar eine Vorspiegelung falscher Tatsachen darstelle, behaupten aber, daß er notwendig sei, weil sich ohne ihn der demokratische Gedanke gar nicht begreiflich machen lasse. Ich finde, man kann, zu welch guter Absicht auch immer, nichts gebrauchen wollen was es nicht gibt! Die ‚öffentliche Meinung' als Meinungsabklatsch anonym herrschender Kliquen gibt keine Gewähr für freie Meinung und eine freiheitliche Staatsordnung. Sie kann im Endergebnis nur das Gegenteil davon bewirken. Zwar hat es immer eine ‚öffentliche Meinung' gegeben und es wird sie, aus dieser Erfahrung heraus, immer geben, weil zu allen Zeiten ein Interesse daran besteht, zu bestimmten Fragen eine gleichgeschaltete Meinung zu bekommen. Das alles beweist aber noch nicht die Notwendigkeit, dieses notwendige Übel aufzublähen und zum Gottesersatz zu machen. So wahr wie es auch den Husten zu allen Zeiten gegeben hat und wohl immer geben wird, sei's nur als Anstellerhusten, so müßte uns die Vorstellung doch verrückt erscheinen, diese Krankheit zu idealisieren, um aus dem lästigen Husten eine das gemeine Wohl fördernde Lungenschwindsucht zu machen.

Je kleiner die ‚öffentliche Meinung', desto größer der Spielraum für freie Meinung. Nicht der Verlust der ‚öffentlichen Meinung' oder ihre Kleinsetzung bedrohen Fortschritt und Freiheit der Nation, sondern jener schwerwiegende Verlust bedroht sie, der die Völker Europas unter den meinungsmachenden Kräften der Vermassung betraf, der Verlust der Persönlichkeit!*) Die Freiheit, die ein Volk dem einzelnen zu geben vermag, wird durch die Anzahl seiner Gebildeten bestimmt, die sich Persönlichkeit erwarben. Ein Volk ohne Persönlichkeiten ist eine klassenlose Massengesellschaft nach marxistischem Ideal und zugleich ein erbärmliches Volk, ein Volk, in dem keine freie Meinung geduldet werden kann, in dem man sich möglichst in Sprechchören zu äußern hat und dabei in einer Heiterkeit nach Dienstvorschrift um's Goldene Kalb tanzt, dem man den Namen ‚öffentliche Meinung' gab. Obwohl jeder beim ersten Nachdenken sehen kann, wie wenig diese ö f f e n t l i c h e Meinung seine eigene ist.

---

*) Dieselben Londoner Zeitungen, die 1945 das deutsche Volk zum Verbrechervolk erklärten, weil es Hitler zum Reichskanzler gewählt habe, zeigten sich am 30. Januar 33, im Gegensatz zu den meisten nichtnationalsozialistischen deutschen Tageszeitungen, sehr begeistert über den neuen deutschen Reichskanzler! Evening News: „Es ist die erstaunlichste Umwandlung, die die Welt gekannt hat, seitdem Mussolini der Herr Italiens wurde!" Evening Standard: „Wir sind mehr als befriedigt! Alle unsere Hoffnungen sind erfüllt worden. Hitlers Haltung gegenüber England war stets die freundschaftlichste. In Deutschland mehr als anderswo in der Welt ist Arbeit für einen Mann mit der Fähigkeit eines Könners!" Auch Manchester Guardian und der Star waren befriedigt, ebenso die Pariser Temps. Noch Jahre später wünschte Winston Churchill dem britischen Volke, daß es einen Führer wie Hitler finden möge, sollte es in eine gleich schwere Lage wie Deutschland geraten.

Vom selben Verfasser erschienen:

BEWUSSTSEINSBILDUNG FÜR RECHTE UND LINKE DEUTSCHE
1. — 12. Lektion
110 Seiten, broschiert, DM 9,80

In diesem Buch leuchtet der Verfasser die Objekte unseres Bewußtseins aus, führt einen inneren Monolog über das, was uns bewußt sein sollte, wenn Begriffe wie Kultur und Kunst, Sprache, Staat und Nation, Geschichte, Eigentum und Verantwortung auftauchen, wenn von Sittlichkeit und Verteidigungsbereitschaft, von Problemen und Selbstverständnis die Rede ist.

ALLEN WIDERSTAND DEN WIDERSTANDSLOSEN
Den sonderbarsten Protestmann zur Diskussion gestellt
97 Seiten, 8 Bildseiten, broschiert, DM 4,50

Der Hörspielautor Gerd Schmalbrock stellt in dieser Streitschrift den umstrittensten Protestmann zur Diskussion, den Historiker Professor Dr. Berthold Rubin, Ordinarius für Byzantinistik an der Universität Köln. Spannend bis zur letzten Seite!

NAMEN- UND SACHREGISTER

Abgeordneter 18, 22
Abneigung 91
Adenauer, K. 53, 77
Agitation 55
Alkuin, F. A. 27 f
Allg. Zeitg. Augsburg 86
Anliegen 36
Annahme 12
Anregung 9
Antifaschismus 20 f, 30
Antikommunismus 20 f
Antisemitismus 20 f, 30
Antrieb 37
Aristoteles 30 ff
Augstein, R. 63, 67, 91
Auschwitz-Prozeß 95
Auslese 19, 25, 42
Ausnahmezustand 37
Autorität 26
Aversion 70, 83, 91

Bahr, E. 56 f
Bastille 81
Bauer, W. 17, 76, 79
Bay. Volksbl. 102
Beeinflussung 34, 56
Bereitschaft 91
Besserwisserei 41
Bewegungsdrang 35
Beweis 40 f, 54 f
Bildung 32
Bild Zeitung 67
Brandt ,W. 13, 18, 56 f, 75
Breschnew, L. I. 57
Brockhaus Enzykl. 12
Bürger 28
bürgerl. Gesellschaft
 24 f, 55, 88
Bundesrep. Deutschland
 17 f, 20, 43, 56, 88

Cäsar, J. 64
CDU 59

Chamfort, Seb. 44
Chamisso, A. v. 101
Charakter 18 f, 22, 44, 53
Cicero M. T. 16

Dehler, Th. 18 f
Demokratie 11 f, 14 f,
 17 f, 20 ff, 30, 43 f,
 51 f, 84
demokr. Sozialisten 19
Despotismus 63
Diktatur 11, 20, 22, 43,
 45 f, 52, 59
Diplomatie 56
Diskussion 12, 39 ff
Dovifat, E. 6
Dreißigj. Krieg 61 f, 75

Effekt 70
Einbildungskraft 34
Einflüsterung 15
Einsicht 31
Elite 19, 24
England 75
Entscheidung 19, 21 f, 46 f
Erbanlagen 9
Erfahrung 54
Erregung 17, 22, 34, 36
Erziehung 9
Ethik 60
Evening News 106
Evening Standard 106
Exzentriker 33, 69 f

Faschismus 21, 67, 80
Fehlbegriff 84
Fehlentwicklung 53
Fehlleistung 16, 27
Feigheit 17
Fernsehen 46 ff, 67 ff, 89
Fischer Lexik. 12, 66
Flugschrift 62
Forster, G. 78

Fraktionszwang 22
Frankreich 66, 101
Franz. Revolution 35, 63,
 65, 72 f, 78 f, 84
freie Meinung 39, 41
Freiheit 30, 41, 48,
 74, 79, 106
Freih. d. Rede 39
Führung 8 f

Gebildeter 65, 104
Gefahrenerlebn. 36
Gefühle 20, 71
Gelehrter 16, 35, 87
Gerechtigkeitssinn 27
Geschichte 9, 71 f, 78 f
Geschichtsbewußts. 74
Gesellschaft 14 f
Gesinnungswand. 60, 104
Gewissen 17
Gleichgültigkeit 81
Gleichheit 5
Gleichmacher 34
Gleichschaltung 50, 59, 89
Goethe, J. W. 10, 78, 86, 90
Gomulka, Wl. 57
Gottsched, J. Chr. 63
Griechen 25
Griechenland 24, 81
Grillparzer, F. 101
Großdeutsches Reich 29
Grundgesetz 88
Gruppe, 16, 19, 30 ff, 37, 41
Gruppeninteresse 14
Gruppenmeinung 16

Habermas, J. 23
Hardenberg, K. A. 65
Hawthorne, N. 10
Heine, H. 98 f
Hemmung 17
Hemmungslosigkeit 34 f
Hennis, W. 50

Herder, J. G. 73
Herodot 30
Herwegh, G. 101 f
Hitler, A. 20, 22 f, 79 f, 92
Hobby 90
Höß, R. 95
Hysterie 38

Idee 9
Ideologe 20 f, 38, 40, 61, 84, 90 f
Illusion 9
Infektion 34
Information 52, 54 ff, 68 f, 71
Informationsträger 55, 62
Instinkt 15, 32 ff, 36, 54, 79
Institut f. Beziehungen m. d. Öffentl. d. B. R. D. 7
Intellektuelle 21, 23, 70, 92
Intelligenzprüfung 48

Jackson, R. H. 95
Jaspers, K. 48 ff, 57
Jordan, Sylv. 99
Journalist 48 ff, 56 ff, 60 ff, 64, 68 f, 103
Judenverfolgung 40
Jünger, Ernst 27
Jugenderziehung 26
Jungsozialisten 18, 26

Kaisertum 28
Kalter Krieg 55
Kant, I. 31
Karl V. 62, 77
Karl d. Gr. 27 ff, 62
kath. Kirche 80
Katyn 95
Kautsky, Dr. B. 95
Kiesinger, K. G. 57
Kirchengemeinde 15
Kommunismus 55
Konstantin VI. 29
Konzentrationsl. 21, 78
Kraft 9 f
Krug, W. Tr. 103
Künstler 15 f
Kultur 9, 35 ff

Laberius, D. 64
Landesz. f. pol. Bildung NRW 5
Lebensanschauung 17
Le Bon, G. 35
Lehrer 72 f
Leidenschaft 54
Lenin, W. I. 55
Leo III. 29
Leon IV. 29
Lernen am Erfolg 36
Liberalismus 83 f
Lichtspieltheater 68
Ludwig XIV. 20, 65
Ludwig XV. 65, 77
Ludwig XVI. 65, 77
Luther, M. 31, 76

Machtkontrolle 84
Machtmißbrauch 20
Märchen 73
Maltitz, Frhr. v. 102
Manchester Guardian 106
Marxismus 10, 23, 64, 96
Masse, 11, 15 f, 19, 21 ff, 27 f, 30 ff, 47, 54, 60, 91, 103 f
Massebildung 17, 33, 36
Massenaktion 32
Massenausrichtung 14, 53
Massendemokratie 19, 23, 25
Massenführer 38
Massenhandlung 16
Massenhysterie 38
Massenkarneval 38
Masseninstinkt 32
Massenmedien 38, 49
Massenpsychose 14
Massensportveranstalt. 38
Massenüberzeugung 19
Massenveranstaltung 38 f
Massenvernichtung 38
Massenwille 19
Maximilian I. 76 f
Mehnert, K. 45
Meinung 31 f, 39 ff, 46, 48 f, 53, 59 f, 63, 68, 72, 75 f, 82 ff, 85 ff, 91, 105 f

Meinungsbildung 42
Meinungsmache 43, 45, 53, 59, 61, 74, 90 f
Meinungsumfrage 68
Menge 36 f
Menschenrechte 39
Minderwertigkeitsgef. 38
Mitschuld 40
Mittelmäßigkeit 38
Mode 42, 69 f

Nachahmung 34 f, 70
Nachrichten 42, 47, 50 f, 56 ff, 60, 65
Nachrichtenfälschung 57
Napoleon I. 20, 45, 64, 66, 78 f, 101
Nation 15, 73
Nationalkonservative 80
Natur 37 f
Naturbeweg. 38
Necker, J. 65 f, 77
Nero, L. D. 64

öffentl. Schweigen 81
Öffentlichkeit 6 ff, 22, 24, 42, 56
Öffentlichkeitsarb. 56 f
Offenheit 56
Ortega y Gasset, J. 74
Ostpolitik 56
Ostverträge 54

Panik 36
Parlament 18 f
Partei 19
Parteidiktatur 11
Parteiinteressen 60
Parteipresse 59
Pascal, B. 30
Patrizier 25
Persönlichkeit 12, 15, 19, 21 f, 24 f, 35, 56, 58, 89, 91 ff, 104, 106
Persönlichkeiten-demokratie 18, 23
Persönlichkeitsentf. 38
Pflicht 24
Philosophie 105

109

Platen, Graf v. 102
Platon 26, 30
Polen 57, 97 ff
Politiker 56, 92, 105
Prawda 64
Presse 46, 49 f, 67
Primitivperson 35 f, 38
Propaganda 55, 94
Proletarier 36
Proudhon, P. J. 99
Psychiatrie 48, 54
Psychologie 20, 85
psych. Kriegführung 100
Publikum 14
Publizistik 9, 12, 50, 66

Ranke, L. 64, 82 f, 87, 105
Reaktion 9, 42, 52, 54, 68
Recht 24
Rechtsschutz 44
Rechtsstaat 21, 23 f
Reichskristallnacht 29 f
Repräsent. Demokrat. 18 f
Richter 44, 88
röm. Reich 24
Roosevelt, F. D. 95
Roth, Heinz 96
Rubin, B. 79
Rundfunk 49

Sachverstand 19
Salon 65 ff
Schauspieler 64
Schiller, Friedr. 26, 64, 78
Schlagwort 16, 71 ff, 76, 78, 87, 90, 92 f
Schmidtchen, G. 6, 43, 50, 87
Schopenhauer, A, 78
Schriftsteller 64
Schuldbekenntnis 93
Schwachsinn 54
Schweden 55
Schweiz 55
Selbstbeherrschung 27
Selbstbetrachtung 15
Selbstdarstellung 38, 70
Selbstdisziplin 61
Selbstverständnis 84, 103 f

Sexualkundeunterr. 32
Sittlichkeit 60
Sokrates 82
Solschenizyn, A. I. 64
Sowjetimperial. 62, 82, 84
Sowjetunion 21, 25, 43, 45, 55, 81
Sozialdemokr. 17 f, 29, 59, 80
Soziale Kontrolle 14
Sozialhygiene 39
Sozialpsycholog. 22, 32
Soziolog. 13 f, 20, 22, 34, 36 f, 44, 84, 105
Spartakisten 26
Spengler, O. 45, 86 f
Spielleute 74
Sprache 9, 41, 89 f, 91
Sprichwort 73, 75
Staatsanwalt 44, 88
Staatsmann 56, 91 f
Stael, A. L. G. de 66
Stalin, J. 20
Stimme d. Volkes 27 f

Taine, H. A. H. 66
Teilwahrheit 56, 96
Temple, W. 75
Temps 106
Thomas v. Aquin 40
Tönnies, Ferd. 6
totale Demokr. 20, 22
Tradition 9
Tyrannis 26

Überheblichkeitsgef. 39
Übermittlungsträger 54
Uhland, L. 101
Umerziehung 94
Umwelteinflüsse 9
Unbehagen 22 f, 99
Ung. Pressedienst 48
Unterrichtung 55
Ursehnsucht 37
Urteilssicherh. 32, 45

Verantwortung 23, 40, 53
Verfremdung 47
Verhaltensforschung 68
Verhaltensweise 36, 39, 70
Verleger 59
Vernunft 20, 27, 30 ff, 37, 41, 64, 71, 76, 79
Völkerrecht 100
Volk 7 ff, 28, 36, 40, 54, 91
Volksdemokratie 23, 25
Volksstimmung 29
Volksüberzeugung 18
Voltaire, F. M. 65, 78
Vorbilder 15

Wahnsinn 54
Wahrheit 41, 45, 48, 56, 60, 74, 81, 87, 104
Wehner, H. 56 f
Weißenborn, Th. 102
Wiener Kongreß 101
Welt, Die 67
Widerstand 44
Wille 23, 27
William of Malmsb. 75
Wirtschaftswunder 61
Wise, Dr. 96
Wissen 32, 39 ff, 47, 53, 59, 86
Wohlstand 61, 91 f
Würde 38

Zeitgeist 44, 51, 60, 64, 72, 93, 102
Zeitung 47, 49, 51 f, 59, 66 f, 70
Zensurakten 101
Zivilisation 35, 37
Zukunft 38, 62
Zwecklüge 96

QUELLENVERZEICHNIS

Allgemeine Zeitung, Nr. 89, Augsburg, 29. März 1832
Adler, Dr. Georg, Die Bedeutung der Illusion für Politik und soziales Leben, Jena 1904
Bauer, Wilhelm, Die öffentliche Meinung und ihre geschichtlichen Grundlagen, Tübingen 1914
Brandt, Bundeskanzler, Regierungserklärung vor dem Deutschen Bundestag, Bonn 1969
Evening News, London, 30. Januar 1933
Evening Standard, London, 30. Januar 1933
Dovifat, Prof. Dr. Emil, Öffentliche Meinung, in Fraenkel/Bracher, Staat und Politik, Frankfurt 1958
Georgii, L. und Teuffel, Siegmund: Der Staat, Sämtliche Werke, Bd. 2, Berlin o. J.
Grosse-Freese, Karl Heinrich, Beiträge zur Charakteristik der öffentlichen Meinung in der Rheinprovinz im Jahre 1859, Bonn 1922
Heine, Heinrich, Sämtliche Werke, Hamburg 1867—69
Hentig, Hartmut von ‚Öffentliche Meinung, öffentliche Erregung, öffentliche Neugier, Göttingen 1969
Hübner, Paul (Hrsgb.), Information oder Herrschen die Souffleure? Reinbeck 1964
Jünger, Ernst, Strahlungen, Tübingen 1949
Landeszentrale für politische Bildung Nordrhein-Westfalen, Feuertod und rote Fahnen, Düsseldorf 1972
Le Bon, Gustave, Psychologie der Massen, Stuttgart 1951
Megiserum, Hieronymus, Iconologia Caesarum, Linz 1616
Morgenthau Diary, Washington 1967
Müller, Dr. J., Die Polen in der öffentlichen Meinung Deutschlands 1830—1832, Marburg 1923
Platon, Der Staat, Leipzig o. J.
Ranke, Leopold, Historisch-politische Zeitschrift, Hamburg 1832
Roth, Heinz, Warum werden wir Deutschen belogen?, Witten 1973
Schmidtchen, Gerhard, Die befragte Nation, Frankfurt 1965
Spengler, Oswald, Vom Untergang des Abendlandes, München 1923+22
Tönnies, F., Kritik der öffentlichen Meinung, Berlin 1922

INHALT

Begriffe gibt's die gibt's gar nicht! 3
Verzeihung, sind Sie die Öffentlichkeit? 7
Zuviel Demokratie bringt Tyrannei 17
Tod der Masse! 27
Die freie und die öffentliche Meinung 39
Die Information und ihre Träger 52
Gefühle herrschen über die Vernunft 71
Von der unschuldigen zur schuldigen Meinung 82
Warum wirkt ‚öffentliche Meinung'? 92
Brauchen wir die ‚öffentliche Meinung'? 105
Namen- und Sachregister 108
Quellenverzeichnis 111